3030
English

3030 English 1탄

저자_ 김지완

1판 1쇄 발행_ 2004. 4. 19.
2판 1쇄 발행_ 2005. 5. 20.
2판 64쇄 발행_ 2025. 9. 1.

발행처_ 김영사
발행인_ 박강휘

등록번호_ 제406-2003-036호
등록일자_ 1979. 5. 17.

경기도 파주시 문발로 197(문발동) 우편번호 10881
마케팅부 031)955-3100, 편집부 031)955-3200, 팩스 031)955-3111

저작권자 ⓒ 2005 김지완
이 책의 저작권은 저자에게 있습니다. 저자와 출판사의 허락 없이
내용의 일부를 인용하거나 발췌하는 것을 금합니다.

값은 뒤표지에 있습니다.
ISBN 978-89-349-1738-0 18740

홈페이지 www.gimmyoung.com   블로그 blog.naver.com/gybook
인스타그램 instagram.com/gimmyoung   이메일 bestbook@gimmyoung.com

좋은 독자가 좋은 책을 만듭니다.
김영사는 독자 여러분의 의견에 항상 귀 기울이고 있습니다.

하루 30분씩 30일이면 미국 유치원생처럼 말할 수 있다

3030
삼 공 삼 공
English

김지완 지음

김영사

10년 넘게 영어공부에 매달렸으면서,
언어장애가 있는 것도 아니면서,
영어로 쉬운 말 한마디 못 하시는 분들에게
이 책을 **바칩니다.**

과연 이 책은 사야 할까?
또 후회하는 건 아닐까?
그럼 여기 쉬운 TEST가 하나 있다.
TEST를 해보고 글쓴이와 동의하면 사서 공부하면 되고 아니면 다른 책을
사시길 권장한다.

'나는 소년이다' 는 물론 I'm a boy이다.
그럼 다음이 바로 문제다.

[TEST] 그녀들은 소녀들이다.

I'm a boy만큼 쉽게 말이 나오는가?
아니면 버벅거리는가?
이렇게 단순한 말도 쉽게 나오지 않는가?

답은 뒤쪽에 있지만 사실 이 답을 문법적으로 풀면 모르는 사람은 없다. 그런데도 막상 말해 보라고 하면 바로 말이 나오는 사람은 많지 않다. 물론 한 20초 골똘히 생각하다가 얘기하긴 하지만, 내가 가르친 수많은 회사 간부들, 대학생들, 하물며 학교 선생님들 역시 이 쉬운 말 한마디 자신있게 하지 못했다.

왜일까?
간단한 말 한 마디 못하는데 과거 완료 진행형을 알아야만 하는 걸까? 또 알면 뭐 할 건가? 써먹지도 못 하는데...

그래서 가르쳐주고 싶다.
우선 자신감 있게 미국 유치원생 수준으로 영어를 말할 수 있게...

다음 페이지에 왼쪽 test의 답이 나와 있다.

답은 They are girls다. 쉽지만 쉽게 나오지 않는 답이다.

왜일까?
이유는 아주 간단하다. 영어 문법이나 단어는 많이 알지만 막상 말을 해보지 않아서 그렇다. 영어는 언어다. 말을 해보지 않고는 말을 할 수 없다. 자, 이제 더 이상 영어를 연구하지 말고, 그냥 말해 보자.

그리고 딱 30일 뒤에는 **미국 유치원생 같이만 말하자!!!**

CONTENTS

Intro	책 소개	10
책 사용법	게임의 법칙	12
보증서	저자와 독자의 약속	13
1일차	뛰어라!	14
2일차	너 운전할 수 있어?	20
3일차	근데 너 이거 먹을 수 있니?	26
4일차	나는 그녀를 사랑할 거야.	32
5일차	나는 운전 못 하지만 배울 거야.	38
6일차	쇼핑하러 가자!	44
7일차	나는 요리 못 해. 중국집 가자!	50
8일차	그들은 춤추는 중이야.	56
9일차	나 여기서 저녁 먹어도 돼?	62
10일차	그녀는 미용실에 가고 있었다.	68
11일차	치킨버거 주세요. 저는 소고기는 못 먹어요.	74
12일차	나는 그녀를 사랑한다.	80
13일차	나는 6시에 학교 간다.	86
14일차	나는 야구를 잘 못하지만 지금 야구 하고 있다.	92
15일차	너 이거 어디서 샀니?	98
16일차	그녀가 왔을 때 나는 TV를 보고 있었다.	104
17일차	그녀는 귀여운 여인이다.	110
18일차	이건 맛있는 사과이지만 그녀는 사과를 싫어한다.	116
19일차	그녀는 예뻤다!	122
20일차	이젠 말할 수 있다.	128
21일차	J의 첫사랑	134
22일차	나의 가디언 Martin과 함께	140
23일차	바람둥이 Nick	146
24일차	나의 다이아몬드 Clair	152
25일차	고등학교 친구 Chris	158
26일차	캐나다 아줌마 Susan	164
27일차	룸메이트 Smit	170
28일차	J, 비디오 가게에서 알바하다.	176
29일차	책 재활용법	182
30일차	이젠 어떻게 해야 되나?	188
Outro	영어야 헬로우 그리고 굿바이!	192
3030 체험 수기		194

INTRO

영어책은 시중에 너무 많이 깔려 있다.

그 중에 과연 무슨 책을 사야 할까? 사실 나도 잘 모르겠다. 하나하나 다 읽어 볼 수도 없고 참 난감하다. 나야 중학교 때부터 외국에 나가 영어를 체험하면서 배웠기에 큰 어려움은 없었지만 영어를 한국에서 배우기란 정말 힘들겠구나 하고 느낀다. 특히 학원과 대기업에 들어가 강의하면서 그것을 더 뼈저리게 느꼈다. 학원에서 만난 회사 사장님들, 세무사, 고등학교 선생님, 대학생들 또 대기업 해외 서비스팀 형님들 내가 정말 성심성의를 다해 가르쳤던 분들이다.

그분들의 공통점은 하나같이 언어능력 장애자는 아니라는 것이다. 그런데도 10년을 공부하고도 미국인 앞에선 말 한마디도 못 하는 것이 처음엔 참 이상하기도 했다. 문법은 미국 고3보다도 잘 알면서 말은 한마디도 못 하는 그런 참 이상한 분들. 때론 미국인도 헷갈리는 문법을 너무나 잘 아는 영어 박사님들. 한국에선 영어를 언어가 아닌 연구대상의 학문으로 가르치는 것 같다.

그럼, 한번 물어보고 싶다. 한국 유치원생이 문법에 대해 뭘 아는지? 그럼에도 그들은 사는 데 아무 지장 없이 말을 참 잘한다. 그럼 세계에서 그렇게 똑똑하다고 인정받는 우리 대한민국 국민이 영어를 10년 공부하고도 쉬운 말 한마디 못 하는 건 뭔가 좀 이상하지 않은가?

사실 많이 이상하다. 왜? 굳이 영어에만 이렇게 약한 걸까? 그건 확실히 교육 방법에 문제가 있다고 해야겠다. 문법이 스피킹을 너무 앞서가는 교육. 그러니 질릴 수밖에 없다. 예를 들어 실험없는 과학공부 10년을 생각해 보면 정말 지겨울 것이다. 또, 문제를 직접풀어 보지 않고 1+1= 2, 2×3= 6 이라고 듣기만 하는 식의 10년치 수학 레슨을 상상할 수 있을까? 끔찍하다. 그래서 난 결심했다. 연구하는, 듣기만 하는 그런 영어가 아닌 말하는 영어를 가르치기로. 그래서 실제로 내가 만든 교재로 대한민국 굴지의 L그룹 해외 서비스팀을 가르쳤고 약속한 2달을 정확히 가르친 후 그 분들은 원어민과 Free Talking 수업을 시작하셨다. 그 후로도 많은 분들을 가르쳤고 그 중 열심히 하신 분들은 3개월 후 모두 나의 약속대로 원어민과 Free Talking 수업을 들었다.

여기서 잠깐! 'Free Talking 수업은 사실 누구나 돈 내면 수강할 수 있는 건데' 라고 생각하시는 분들도 계실 것이다. 여기서 Free Talking 수업을 듣는다는 것은 최소한 미국 유치원생 수준으로 거리낌 없이 말할 수 있는 수준에 올랐다는 뜻으로, 그렇기 때문에 그 다음단계인 원어민과 Free Talking 수업을 시작할 수 있게 됐다는 이야기이다.

나의 목적은 영어공부를 전에 10년을 했건 1개월을 했건 나에게 영어를 배우신 분들이 2개월이 지나면 원어민에게 Free Talking 수업을 들을 수 있게 하는 것이다. 즉 Free Talking 수업 전 과정이라고 보면 정확하다. 이 책은 다른 책들처럼 가만히 있어도 영어를 원어민 같이 할 수 있게 해주겠다고 약속하고 싶진 않다. 다만 이 책을 통해 영어를 정말 언어로 받아들이고 미국인 유치원생 같이 말할 수 있게 해주겠다고 장담할 수 있다. 즉 영어로 말을 시작할 수 있게 해주겠다는 것이다. 사실 이 약속은 어려운 약속이 아니다.

여러분들은 이미 학문으로써의 영어를 충분히 배웠다. 이젠 의사소통 도구로서의 영어를 시작할 때다. 문법과 단어는 지금 아는 걸로 충분하다. 지금 아는 것만으로 얼마나 많은 걸 말할 수 있는지 깨닫게 된다면 놀랄 것이다. 자꾸, 더 어렵고 새로운걸 배워야 겠다는 강박관념은 버리자.

자, 아는 것부터 지금 말하자.

책 사용법

게임의 법칙

우선 3일만 아래에서 시키는 대로 그저 진지하게 해보자.
하루 해보고 "뭐가 이렇게 쉬워!"하지 말기를
고수는 절대 어렵게 가르치지 않는다.
(내가 고수란 뜻은 아님)

1. 오른쪽 홀수 페이지에 유치원 수준의 한국말이 있다. 그 말을 단순한 영어로 바꾸어 말하자.
2. 필기도구는 절대 사용하지 말고 입으로 말하자.
3. 다음 페이지를 넘기면 왼쪽에 앞에 있는 우리말에 해당하는 영문 답이 있다. 그냥 보고 넘어가지 말고 꼭 큰소리로 읽어보자.
4. 소리를 크게 내자!

이 책은 마치 내가 강의하듯 썼다.
내 평소 강의 습관대로 20분만 영어로 말하는 데 할애했다. 10분은 나의 입담이다.
20분만 책 사용법에 따라 꼭 집중해서 말하고 나머지 10분의 입담은
재미있고 도움이 되는 것 같으면 열심히 보고 아니면 그냥 넘어가도 좋다.

가벼운 마음으로 소설책 보듯
책장을 넘기자!!!

보증서

30일 동안 매일 30분씩 진지하게 책 사용법대로 했음에도
영어로 입이 열리지 않는 분이 있다면
구입한 이 책의 가격 중 저자가 받은 인세를 돌려 드립니다.
이것은 저자가 독자에게 하는 정직하고 진지한 약속입니다.

저자는 항상 첫 강의 때처럼 말하는 습관이 있다.
"열심히 하지 않으실 거면 다른 강사의 수업을 들으세요!
하지만 열심히 하시면 그 결과는 제가 보장합니다."

"한마디로 자신있다는 이야기입니다."

인세 돌려 받으실 분 혹은 감사의 마음을 표현하실 분(ㅋㅋㅋ)
꼭 이메일 보내세요.
saintjeewan@yahoo.com

DAY-1 일차

영어로 **'뛰어라!'**고 말하는 거 그렇게 어려운 거 아니다. 하지만 쉬운 것도 아니다. 그렇지만 쉽게 해보자. 우리가 오늘 말해볼 문장 형태는 어려운 말로 명령문이라고 하는데, 그건 알 필요없고 그냥 한국말로 하면 '이거 해라! 저거 해라!' 혹은 '이거 하세요! 저거 하세요!'이다. 예를 들어 '조용히 해라! 저녁 드세요!' 이런 게 바로 오늘 말할 문장들이다.

쉽게 생각하자. 그냥 말하고 보자. 큰소리로!!!

주의사항 : 이 책은 절대 문제집 풀 듯이 연필로 쓰면서 하면 안 된다.
필기도구는 필요없다! 그냥 큰소리로 말하자!

아래를 영어로 말해 보자.

가라!

먹어라!

싸워라!

뛰어라!

걸어라!

일어나라!

공부해라!

앉아라!

멈춰라!

와라!

즐겨라!

전화해라!

(글을) 써라!

(책을) 읽어라!

(문) 열어라!

(문) 닫아라!

점프해라!

(물건을) 사라!

> 너무 너무 쉽지 않은가? 근데 실제 대화에서도 이런 쉬운 말이 많이 쓰인다.

아래를 단순히 보는 데서 그치지 말고 **크게 읽어보자!**

Go!

Eat!

Fight!

Run!

Walk!

Get up!

Study!

Sit!

Stop!

Come!

Enjoy!

Call!

Write!

Read!

Open!

Close!

Jump!

Buy!

실제로 말한다는 생각으로 느낌을 주어 말해보자. 정열적으로!!

자신감을 갖고 말하자! 틀려도 좋다!
중요한 건 이미 영어로 말하기 시작했다는 것이다.

시작하지 마라! ★1

떠나라!(카드선전?)

노래 부르지 마라!

요리하지 마라!

만들지 마라!

제발 고쳐라!(성형수술 말고 수리) ★2

보지 마라!

(귀로) 제발 들어라!

(자동차) 운전하지 마라!

제발 마시지 마라!

죽지 마라!

죽이지 마라!

제발 바꿔라!

(시장에서 물건을) 팔지 마라!

제발 웃어라!(사진 찍을 때 '김치' 대신)

잠자지 마라!

(야구공) 제발 던지지 마라!

(종이) 자르지 마라!

★ 별표는 무엇일까요?

다시 한번 강조한다. 우리는 입으로 한다.
더 이상 필기도구는 필요 없다.

Don't start! ★1

Leave!

Don't sing!

Don't cook!

Don't make!

Please fix! ★2

Don't look!

Please listen!

Don't drive!

Please don't drink!

Don't die!

Don't kill!

Please change!

Don't sell!

Please smile!

Don't sleep!

Please don't throw!

Don't cut!

> ★1 동사 앞에 무조건 don't를 붙이면 "~해라!"의 반대인 "~하지 마라"가 된다.
> ★2 부탁을 하고 싶을 땐 '제발'이란 please를 그냥 맨앞 혹은 맨뒤에 넣으면 된다.

영국에서 사이다(cider)를 사려면 신분증을 제시해야 한다?

영국에 처음 가서 사이다가 마시고 싶을 때 '사이다 주세요' 했더니 가게 아주머니가 나이 확인한다고 신분증을 보여달라고 했다. 뭔 일인가 했더니 cider는 사과술이었다. 도수도 꽤 높은 술이다. 그렇다, 외국에 나가서 사이다가 마시고 싶어 "cider" 달라고 하면 절대로 사이다를 마실 수 없다. 도수 높고 단 사과주를 사게 된다. 이제 사이다를 마시고 싶으면… 명심하자, 사이다는 sprite이다.

그럼, 콜라는 뭐라고 할까?
보통 coke(코크)라고 알고 있다. 근데 발음할 때 아주 주의해야 한다. "코우크(coke)"라고 하지 않고 짧게 "콕"(cock)해버리면 망신이 이만저만 뻗치는 게 아니다. 왜냐면 cock은 남자의 생식기이기 때문이다. 그러니까 제발 비행기 처음 타보는 시골영감처럼 외국인 스튜어디스에게 "콕" 달라고 하지 않기를 바란다.
내가 95년 처음 유학갈 때만 해도 우리나라 햄버거 가게에서 "코크 주세요"하면 종업원이 무슨 뜻인지 이해하지 못했고 혹 이해해도 재수없다고 생각하곤 그랬다. 그래서 97년 방학 때 한국에 나와 햄버거 집에 갔을 때도 종업원 누나한테 "콜라 주세요!"라고 했더니 이런 말을 하더라. "어머~ 코크 말씀이시죠?"

ㅋㅋㅋㅋ 세상이 정말 빠르게 변하는 거 같다.
어느새 리필(음료수 다 마시면 다시 채워주는 것) 문화도 정착이 되고. 어찌 됐든 나처럼 음료수 좋아하는 사람에게는 좋은 세상이 온 거 같다.

DAY-2 일차

I can do it! 우리는 이 말을 참 많이 한다. 오늘은 우리가 이렇게 흔히 쓰는 CAN을 가지고 요렇게도 해보고 저렇게도 해보자.

어려운 건 없다. 그냥 크게 말하는 것뿐.
그리고 자꾸 손이 가는 필기도구로부터 멀어지는 거, 사실 이게 힘들다면 힘든 일일까?

무조건 입으로 해야 한다.
영어는 손으로 하는 게 아니다. 입으로 한다!

생각하지 말자! 즉흥적으로 말해보자!

나는 뛸 수 있다.
그녀는 요리할 수 있다.
너는 싸울 수 없다. ★1
너는 운전할 수 있니? ★2
그녀는 노래를 부를 수 있니?
나는 그를 사랑할 수 없다.
너는 뛸 수 있니?
그는 야구를 할 수 있니?
그들은 위스키를 마실 수 없다.
우리는 그것을 할 수 있다. ★3
너는 나의 숙제를 할 수 있니? ★4
그녀는 운전을 할 수 없다.
너는 이것을 먹을 수 있니?
너는 나에게 전화할 수 있니?
그녀는 피자를 요리할 수 있니?
그녀는 저 창문을 닫을 수 없다. ★5
그는 수영을 할 수 있니?
나는 영어를 말할 수 있다.

can은 쓰이는 곳이 많고도 다양하다.
중 1때 배운 거라고 우습게 보면 안 된다.

아래는 절대로 답안지가 아니다.
말한다는 생각으로 크게 읽어 보자.

I can run.

She can cook.

You can't fight. ★1

Can you drive? ★2

Can she sing?

I can't love him.

Can you run?

Can he play baseball?

They can't drink whisky.

We can do it. ★3

Can you do my homework? ★4

She can't drive.

Can you eat this?

Can you call me?

Can she cook pizza?

She can't close that window. ★5

Can he swim?

I can speak English.

★1 can not = ~할 수 없다. can not을 줄인 것이 can't ★2 물어볼 때는 can만 맨앞으로 빼면 된다. ★3그것 = it ★4 my=나의, your=너의, his=그의, her=그녀의, our=우리의, their=그들의 ★5 저것 = that, 저 창문 =that window

이제 조금씩 문장이 길어진다. 천천히 말해도 된다.
빨리 말해야 유창하다는 편견을 버려!

너는 언제 야구 할 수 있어? ★ 6
그녀는 피아노를 칠 수 있니? ★ 7
우리 어디서 춤출 수 있어?
나는 바이올린을 켤 수 없다.
그는 글을 쓸 수 없다.
너는 이것을 읽을 수 있니?
어떤 종류의 운동을 너는 할 수 있니? ★ 8
우리는 저것을 먹을 수 없다.
나는 이 컴퓨터를 고칠 수 없다.
내가 이것을 어디서 살 수 있지?
그녀는 이 책상을 팔 수 없다.
그녀는 나의 방에서 잘 수 없다.
나는 콜라는 마실 수 있지만 사이다는 못 마신다.
그녀는 나를 사랑할 수 없다.
넌 이것을 자를 수 있니?
그들은 스키를 못 탄다.
너 걸을 수 있어?
나는 모든 것을 할 수 있다. ★ 9

> 앞으로 나오는 ★표 설명이 어떤 사람에게는 어렵게 느껴질 수도 있다. 만약, 이해가 잘 안 되면 두번 읽지 말고 그냥 넘어가래! 소설책 읽듯 가벼운 마음으로 그냥 읽자!

이쯤 되면 **발음이 신경쓰일** 것이다. 하지만, 신경쓰지 말자! **크게 말하면 다 알아 듣는다.**

When can you play baseball? ★6

Can she play the piano? ★7

Where can we dance?

I can't play the violin.

He can't write.

Can you read this?

What kind of sports can you play? ★8

We can't eat that.

I can't fix this computer.

Where can I buy this?

She can't sell this desk.

She can't sleep in my room.

I can drink coke but I can't drink sprite.

She can't love me.

Can you cut this?

They can't ski.

Can you walk?

I can do everything. ★9

> ★6 when=언제, where=어디에서, how=어떻게, who=누가, what=무엇, why=왜 ← 모두 wh형제들이다. wh형제들은 물어보는 문장 맨앞에 그냥 살짝 넣기만 하면 된다. ★7 '악기를 연주한다'고 할 때 악기 앞에 the를 넣는다. ★8 어떤 종류의~ = what kind of~ ★9 모든 것=everything

"선생님, 왜 running에는 n이 두개 붙습니까?"
왜 이런 걸 알려고 하는지. 물론 문법적 설명은 가능하나 알아도 큰 도움은 안 된다. 그냥 그런 거다. 만약에 세종대왕님께서 '생선'이 맘에 안 든다고 "이제부터 생선은 '주막'이라 부르겠다"하셨다면 요즘 우리는 식당에서 생선가스 대신 "주막가스 주세요" 할 거다. 무슨 말이냐 하면 영어도 만든 사람 마음이란 거다. 하나의 규칙 같은 것이다. 그 규칙에 굳이 타당한 이유가 있겠는가. 때론 만든 이도 생각없이 만든 것이 있을 것이다. 그러니까 제발... 이해하려고 머리 싸매지 말고 그냥 노래 부르듯 즐겨라.
n이 왜 두개인지 같은 질문을 할 힘이 있으면 그냥 이 영어선생 "J"만 믿고 생각없이 크게 말하자! 그냥 시키는 대로만 하자. 너무 쉬워서 "이렇게 쉽게 정말 영어를 잘 할 수 있는 건가?"란 생각이 드는가?

영어를 잘하는 데도 왕도가 있다. 그 왕도는 바로 그냥
순수한 마음으로 크게 말하는 것이다.

DAY-3일차

이틀 동안 "~해라!"와 "~할 수 있다" 두 가지 형태의 말을 해보았다. 이 두 가지를 섞어서도 말할 수 있을까? 처음엔 조금 헷갈릴 것 같다.
우리말도 그렇듯이, 실제로 대화할 때는 보통 4~5가지 형태를 섞어서 말하게 된다.

오늘 말해볼 **1, 2일차 섞어 말하기**는 앞으로 30일차가 끝난 후 실전 대화로 가는 첫걸음이라 생각하면 된다. 오늘은 비록 두 가지 형태의 말만 섞어서 말하지만 30일후에는 10가지 이상의 형태를 자유자재로 써가며 대화할 수 있을 것이다.

미래에 **영어로 말할 자신을 상상해보며 힘내자!**

이제는 1, 2일차를 섞어 말해 보자!
헷갈려도 너무 깊이 생각하지 말고 그냥 크게 말하자!

그녀는 이것을 못 먹는다.

이거 먹어!

내가 이걸 어디서 살 수 있죠?

이거 팔아라!

제발 내 차를 고쳐줘!

나는 운전 못 해.

근데 너 그거 먹을 수 있어? ★1

이거 마셔!

니가 날 위해 무엇을 할 수 있는데? ★2

나 오늘 어디서 잘 수 있니?

제발 공부해라!

너 나와 결혼해 줄 수 있니? ★3

나를 위해 이 편지를 보내줘!

너 이거 할 수 있니?

이거 사!

난 그거 할 수 없어.

우리는 너희를 용서할 수 있다.

나를 위해 기도해 줘! ★4

> "내가 ~해도 됩니까?" 라는 식의 허락을 구하는 말을 할 때도 can은 유용하게 쓰인다.

말하지 못한 문장이 많았는가?
괜찮다. 이제 아래를 보며 **큰소리로 말해 보자.**

She can't eat this.

Eat this!

Where can I buy this?

Sell this!

Please fix my car!

I can't drive.

By the way, can you eat it? ★1

Drink this!

What can you do for me? ★2

Where can I sleep tonight?

Please study!

Can you marry me? ★3

Send this letter for me!

Can you do this?

Buy this!

I can't do it.

We can forgive you.

Pray for me! ★4

★1 그런데=by the way ★2 ~을 위해=for ★3 ~와 결혼하다=marry ~ ★4 기도하다=pray

날이 갈수록 팍팍 느껴지겠지만 벌써부터 며칠 후에는
영어로 말할 수도 있겠다는 희망이 들지 않는가?

어떻게 내가 너를 도와줄 수 있니?

나를 도와줘!

그녀는 나와 같이 갈 수 없다.

나를 위해 일해라!

콜라 주세요! ★ 5

내가 콜라를 가질 수 있나요? (콜라주세요.) ★ 6

나를 용서해!

나는 너를 사랑할 수 없다.

너는 언제 나를 볼 수 있니?

그들은 어디서 공부할 수 있는 거야?

그들은 꽃에 물을 줄 수 없다. ★ 7

(전등) 불을 켜라! ★ 8

(전등) 불을 꺼라!

그는 학교에 갈 수 있니?

나는 너를 다시 볼 수 없어.

제발 빅맥 세트 하나 주세요! ★ 9

나는 영어를 말할 수 있다.

니 인생을 즐겨!

> 위에선 can과 명령문을 다양한 곳에 사용해 보았다. 놀랍지 않은가? 이 두 가지만으로도 얼마나 많은 걸 표현할 수 있는지.!

말할 때 이젠 느낌을 주어서 살아 있는 영어를 말해 보자.

How can I help you?

Help me!

She can't go with me.

Work for me!

Give me a coke! ★5

Can I have a coke? ★6

Forgive me!

I can't love you.

When can you see me?

Where can they study?

They can't water flowers. ★7

Turn on the light! ★8

Turn off the light!

Can he go to school?

I can't see you again.

Please give me a Big Mac set. ★9

I can speak English.

Enjoy your life!

★5 "콜라 주세요" 할 때 그냥 이렇게 말할 수 있다. ★6 5번과 같은 의미로 쓰이나 훨씬 흔히 쓰이는 표현(식당에서 자주 씀) ★7 '물을 주다'는 water이다. 재미있지 않은가? 그리고 심플하지 않은가? ★8 '전원을 켜다'는 turn on. 반대는 turn off. ★9 5번의 "콜라 주세요"와 같은 상황에서 쓸 수 있다.

금발미녀와 데이트 하며 즐기는 영어

보통 사람들은 단어를 익힐 때 '전화=telephone' 이런 식으로 암기하곤 한다. 그러나 이것은 그다지 좋은 방법이 아니다. 이런 방법은 한계에 부딪칠 수밖에 없고 설사 암기했다고 해도 적당한 시간과 장소에 사용할 수 없게 된다. 그럼 어떤 방법이 좋을까? 전화기의 이미지와 telephone이라는 철자 이미지를 머릿속에 입력시키는 것이 훨씬 효과적인 방법이다. 우리가 공부하는 이 책에서도 말을 할 때 그냥 아무 생각 없이 하는 것보다 그 말에 맞는 적당한 상황을 머릿속에 그리며 마치 외국인과 실전에서 말한다는 생각으로 하는 것이 100배 더 효과적이다. 예를 들어 I can speak English.란 문장을 아무 생각없이 말하면 그 말 자체에 생동감도 없고 그러다 보면 자연히 억양도 없는 심심한 말이 돼 버린다. 그럼 어떻게 하는 것이 좋을까?

파티에서 만난 사랑스러운 금발미녀와 대화하는 상상을 해보자. 그녀가 묻는다. Can you speak English? 자 대답해 보자. Yes!!! I can speak English!!! 그렇다! 이렇게 상황을 만들고 그 상황 속에 뛰어들자. 그리고 말하자. 이렇게 하면 자연스럽게 느낌과 감정이 그 말 속에 실리게 된다. 아무 생각 없는 말은 죽은 말이다. 영어는 물론이고 한국어도 마찬가지이다.

정열적으로 힘있게 말하기를 권한다.

이제는 죽어 있는 영어가 아니라 살아 숨쉬는 영어를 말하자!!!

DAY-4일차

오늘은 CAN의 형제라고 할 수 있는 WILL을 말해보자. will은 "~할 것이다."라는 식의 미래의 일을 이야기할 때 주로 쓰인다. will은 can의 형제인 만큼 can을 넣었던 그 자리에 그대로 넣기만 하면 된다. 뜻은 다르지만 사용법은 똑같다. 이런 설명도 사실 복잡하게 들릴 수 있을 것이다. 그러면 그냥 말하기로 바로 넘어가자. 굳이 이해하려고 하지 않아도 괜찮다.

즐기자! 말하자!

미래의 will은 1시간 뒤의 일을 말할 때도 쓰이고 10년 뒤의 일을 말할 때도 쓰인다.

나는 그녀를 사랑할 거야.

그녀는 내일 야구를 할 거야.

그들은 운전하지 않을 거야. ★ 1

우리는 노래하지 않을 거야.

너 내일 어디 갈 거니? ★ 2

너 언제 미국에 갈 거니?

그녀는 뛰지 않을 거야.

나는 너랑 결혼할 거야.

너 내일 학교에 어떻게 갈 거니?

그녀는 새 차를 살 것이다.

내일 비가 올 것이다. ★ 3

그들은 영어를 공부할 것이다.

그는 오늘밤 샤워를 할 것이다.

너 오늘밤 뭐 먹을 건데?

너 몇 시에 나한테 전화할 거야?

너 언제 내 컴퓨터 고칠 거냐?

나는 방귀 끼지 않으리. ★ 4

그들은 농구를 할 것이다.

> 강사의 도움 없이 혼자서 여기까지 충실히 해온 독자들에게 감사드린다. 한달에 8만원씩 내고도 열심히 하지 않는 수강생들이 수두룩한 것에 비하면 여러분들은 정말 최고의 수강생들이다. 힘내자! 즐기자!

영어에 소질이 있는 사람은 영어를 즐길 수 있는 사람이다.
영어는 즐겨야 빨리 는다.

I will love her.

She will play baseball tomorrow.

They will not drive. ★1

We will not sing.

Where will you go tomorrow? ★2

When will you go to America?

She will not run.

I will marry you.

How will you go to school tomorrow?

She will buy a new car.

It will rain tomorrow. ★3

They will study English.

He will take a shower tonight.

What will you eat tonight?

What time will you call me?

When will you fix my computer?

I will not fart. ★4

They will play basketball.

★1 will 바로 뒤에 not을 붙이면 '~할 것이다'가 아닌 '~하지 않을 것이다'가 된다. ★2 물어보려면 will만 맨앞에 붙이고 wh형제들은 앞서 말했듯이 의문문 앞에 넣으면 된다. ★3 '비가 오다'는 rain 이고 '눈이 오다'는 snow이다. ★4 방귀 끼다=fart

조금 어렵은가? 그럼 다시 한번 해보자. 이 책의 장점은 지난 일차를 또 해도 **지루하지 않다**는 것이다.

나는 요리할 것이다.

그들은 농구를 할 것이다.

우리는 야구를 하지 않을 것이다.

너 내일 축구 할 거야?

너 언제 숙제 할 거니? ★ 5

너 내일 어떤 종류의 음식을 요리할 거니?

그녀는 나를 위해 기도할 것이다.

나는 너를 가르치지 않을 것이다.

너 내일 어디서 잘 거니?

나는 내년에 그녀의 차를 살 것이다.

그들은 그를 도와줄 것이다.

너 언제 졸업할 거니? ★ 6

우리는 싸우지 않을 것이다.

너 몇 시에 집에 올 거니?

나는 너를 다시 사랑하지 않을 것이다. ★ 7

너 누구랑 결혼할 거니? ★ 8

내가 너한테 10시에 전화할게.

너 무엇을 마실 거니?

지금까지 해본 말들과 앞으로 해볼 말들은 모두 실제 쓸 수 있는 말이다. 그러므로 실제로 대화한다는 생각으로 말하자.

절대 머릿속으로만 말하면 안 된다.
입 밖으로 소리내어 말해야 한다.

I will cook.

They will play basketball.

We will not play baseball.

Will you play soccer tomorrow?

When will you do your homework? ★5

What kind of food will you cook tomorrow?

She will pray for me.

I will not teach you.

Where will you sleep tomorrow?

I will buy her car next year.

They will help him.

When will you graduate? ★6

We will not fight.

What time will you come home?

I will not love you again. ★7

Who will you marry? ★8

I will call you at 10.

What will you drink?

★5 보통 "너 숙제 할 거니?"라고 하면 "너의 숙제를 할 거니?"란 뜻이다. 즉 your homework이다. ★6 졸업하다 =graduate ★7 "다시"는 당연히 again 이다. ★8 결혼하다=marry

영어는 머리로 하는 게 아니다!

그렇다. 영어는 머리로 하는 게 절대 아니다. 백번 생각하고 또 생각하는 자세는 영어에서만큼은 딱 낙제감이다. 틀려도 일단 무식하게 말하고 보는 자세가 최고다. 영어에 왕도가 굳이 있다면 그건 그냥 무식하게 말하는 것이다. 이것보다 빠른 건 없다.
혹 이런 분들도 있을 것이다. "에이, 아무리 그래도 정확하게 생각해서 말하는 게 더 낫지." 내가 자신하는데 그건 아니다.

정확한 한 마디보다 엉터리 세 마디가 훨씬 낫다.

생각해 보자. 막 말을 배우기 시작한 아이에게 정확한 문법이나 표현을 요구한다면 아이는 금새 말하는 것에 싫증을 느낄 것이다.
아이들은 서툴러도 한마디 한마디 배워가는 재미에 언어에 흥미를 붙이고 그래서 자꾸 더 말하게 되고 그러다 어느새 그럴싸하게 자기 생각도 말로 옮길 줄 알게 된다. 영어도 이와 같다. 처음부터 완벽한 표현, 멋진 표현을 하려고 하지 말자. 우선 말하자. 그리고 또 말하자. 그러다 보면 자기도 모르게 영어가 재미있어진다. 주변에 외국인 친구가 없어서 말을 할 수 없는가? 괜찮다! 그냥 벽 보고 혼잣말하자. 단, 큰소리로 하자.

자꾸 공부하려고 하지 말자!
어린아이처럼 그냥 이말 저말 하는 **귀여운 수다쟁이가 되자!!!**

DAY-5 일차

지금까지 모두 세 가지 다른 형태의 말을 해 보았다. 주어를 빼고 바로 동사를 앞세워 '~해라'고 명령하는 문형과 조동사 can과 will을 사용해 각각 '~할 수 있다', '~할 것이다'는 의미를 동사에 부가한 문형을 연습했다. 이제는 세 가지를 섞어서 말해 보자. 그리고 어떤 경우에 어떤 형태가 들어가는지 너무 깊게 생각하기보단 항상 말했듯이 경솔하다고 생각될 만큼 빨리 말을 뱉어버리자.

한 마디의 완벽한 영어 문장을 말하는 것보다
완벽하지 않은 문장 세 마디를 말하는 것이 더 낫다.
― J선생

문법이 틀리고 어휘가 틀리는 것을 두려워하지 않고 **많이 말하는 자세.**
그런 자세를 나는 여러분에게 당부하고 싶다.

아래에는 지난 4일간 배운 형태들이 모두 섞여 있다. 섞여있다 뿐이지 더 어렵지는 않다.

싸우지 마!
나는 축구를 하지 않을 것이다.
너는 내일 어디서 저녁을 먹을 거니?
그녀는 영어로 말 못 해.
니 인생을 즐겨!
그들은 학교에 갈 수 없다.
너는 내일 뭐 할 거니?
나는 운전을 못 하지만 배울 것이다. ★1
너 내일 그 시계 살 거니? ★2
문을 닫아라!
나는 너를 항상 사랑할 것이다. ★3
너는 오늘밤 몇 시에 잘 거니?
나는 달릴 수 없다.
열심히 노력해라! ★4
나는 이것을 사겠다.
너 무엇을 살 거니?
그들은 수영할 수 없다.
그는 내일 야구를 할 것이다.

> 물론 1~4일차보다는 약간 복잡할 것이다. 하지만 포기할 만큼 복잡한가? (포기는 배추를 셀 때나 하는 말이다!^^)

아래는 절대로 답안지가 아니다.
채점하듯이 보지 말고 **꼭 큰소리로 읽어보자!**

Don't fight!

I will not play soccer.

Where will you eat dinner tomorrow?

She can't speak English.

Enjoy your life!

They can't go to school.

What will you do tomorrow?

I can't drive but I will learn. ★1

Will you buy the watch tomorrow? ★2

Close the door!

I will always love you. ★3

What time will you sleep tonight?

I can't run.

Try hard! ★4

I will buy this.

What will you buy?

They can't swim.

He will play baseball tomorrow.

★1 하지만, 그러나=but
★2 그 시계 = the watch(그=the)
★3 항상 = always ★4 열심히
=hard 딱딱한이란 뜻도 됨

> 나는 불어도 조금 한다. 조금 틀리게 말하더라도 **말하는 그 자체를 즐긴다.** 여러분도 그러길 바란다.

제발 그만해!

그들은 잠을 잘 수 없다.

너 내일 어디서 축구 할 거니?

나는 책을 쓸 것이다.

너는 왜 이 시계를 사려는 건데?

그들은 스키를 못 탄다.

나는 웃을 수 없다.

멈추지 마!

너 나랑 결혼할래?

내가 몇 시에 너를 볼 수 있니?

저 샤워해도 됩니까?

커피 주세요! ★ 5

제가 커피 한잔 가질(마실) 수 있겠습니까? ★ 6

제발 저를 도와주세요!

나는 트림을 하지 않을 거야. ★ 7

너 내 차 고칠 수 있어?

그들은 슈퍼에 갈 것이다.

나는 슈퍼맨과 싸울 수 없다. ★ 8

> 말할 때 "이게 맞나?" 하고 생각하면 대화 타이밍을 놓친다. 우선 말해놓고 보자!

거울을 보며 **감정을 실어** 아래 문장들을 말해보자.

Please stop!

They can't sleep.

Where will you play soccer tomorrow?

I will write a book.

Why will you buy this watch?

They can't ski.

I can't laugh.

Don't stop!

Will you marry me?

What time can I see you?

Can I take a shower?

Give me a coffee! ★5

Can I have a coffee? ★6

Please help me!

I will not burp. ★7

Can you fix my car?

They will go to the supermarket.

I can't fight with Superman. ★8

★5 이렇게도 말하지만 아래 6번이 더 흔하게 쓰인다. ★6 "내가 커피 한잔 가질 수 있을까요?" 즉 "커피 주세요"란 말이다. ★7 트림하다=burp ★8 '~와, ~와 함께'는 with를 사용한다.

드라마 속에서 보는 ## 영국 고등학교 파티

외국 영화나 TV에서 우리는 외국 고등학생들이 파티를 즐기는 모습을 자주 볼 수 있다. 여자들은 드레스를 입고 남자들은 턱시도를 입고 한껏 멋을 부리고 나타난다. 분위기가 무르익을수록 파티는 왁자해지고 술에 취해 싸우는 애들이 있는가 하면, 한쪽에선 눈이 맞은 남녀가 서로에 대한 호감을 고백하기도 한다. 아마 궁금할 것이다. 정말 그럴까? 아니면 그냥 TV에서 약간 과장한 것일까? 우선 답을 말하자면 드라마 속 고등학생들의 파티는 99%가 사실이다.

나의 경험을 말하자면 나는 매주 토요일이면 파티에 가곤 했다. 파티는 보통 그 주에 생일인 사람이 자기 집이나 호텔 바를 빌려서 한다. DJ를 불러서 노래를 틀고 춤을 추고 술을 마시고 이야기하고 그러다 보면 남녀가 사귀기도 하고 그런다. 학교에서 매주 생일인 친구가 한 사람 이상 있기 마련이니까 매주 파티가 있다. 그리고 영화에서와 마찬가지로 주마다 남자친구 또는 여자친구를 갈아치우고, 친구의 애인과 필이 꽂히기도 하는 '세상은 요지경' 같은 일이 영국에선 놀랄 일이 아니다.

이와 반대로 아주 건전하고 캐주얼한 파티 문화도 그들 삶 속에 자연스럽게 스며들어 있다. 점심에 같이 모여 이야기하며 고기 구워 먹는 바비큐 파티, 간단히 와인 한잔 하는 와인 파티... 이렇게 정해진 규칙과 순서에 얽매이지 않은 파티가 이외에도 많다.

'파티' 하면 거창하게 생각할 사람도 있을 텐데, 사실 파티란 그냥 좋아하는 사람들이 모여서 같이 이야기하고 삶을 나누는 시간이다. 꼭 화려하게 옷을 차려입고 비싼 음식을 먹는 것만이 파티가 아니다.

쉽게 말해 '김밥 파티'도 파티라고 할 수 있다. 오늘 '영어로 말하는 파티'를 열어보는 것은 어떨까? 영어를 배우는 주변 사람들을 모조리 모아서

영어 스피킹 파티를 열어보기를 추천한다.

DAY-6일차

아이들 영어회화 교재 중에 Let's go!라는 아주 유명한 교재가 있다. Let's go? 과연 무슨 뜻인가? "가자!"라는 뜻이다. Let's를 쓸 수 있는 곳이 수도 없이 많다. 밥 먹자! 놀자! 공부하자!

명령문은 일방적으로 '~해라!'인 반면에 Let's는 '같이 ~하자!'라며 권유하는 표현이다. 유용하지 않은가? Let's가 쓰일 수 있는 곳은 실로 광범위하다. 한번 말해 보자!

주의사항 :
6일차까지 오면서 느꼈겠지만 실제로 **입밖으로 소리내어** 말해보지 않고 눈으로만 보면 학습 효과는 기대할 수 없다.

벌써 많이 달려 왔다. 자꾸 '작심삼일' 하고 싶은가? 그럼 3일마다 작심삼일 하자!!!

뛰자!

공부하자!

가자!

즐기자!

그것을 보자!

먹자!

싸우자!

이 컴퓨터를 고치자!

마시자!

쇼핑하러 가자! ★1

샤워하자!

춤추자!

이거 사자!

(잠)자자!

방귀 끼자!

요리하자!

배우자!

TV를 보자!

> Let's는 '~하자'라고 할 때 쓰인다.

1일차만큼 쉬운 문장들이다.
항상 그렇듯이 **큰소리로 말하는 것**이 "왕도"이다.

Let's run!

Let's study!

Let's go!

Let's enjoy!

Let's watch it!

Let's eat!

Let's fight!

Let's fix this computer!

Let's drink!

Let's go shopping! ★1

Let's take a shower!

Let's dance!

Let's buy this!

Let's sleep!

Let's fart!

Let's cook!

Let's learn!

Let's watch TV!

★1 쇼핑하러 가다=go shopping 그럼 '수영하러 가다'는? go swimming

친구끼리 많이 쓸 수 있는 Let's
쉬워도 진지하게 말하자.

공부하지 말자! ★2

우리 거기에 가지 말자! ★3

수영하러 가자!

슈퍼에 가자!

이거 사지 말자!

축구 하자!

저녁 먹지 말자!

트림하지 말자!

놀자!

파티하자!

그의 집에 가자!

노래하지 말자!

그에게 전화하자!

일하자!

운전하자!

읽자!

싸움하지 말자!

그것을 하자! ★4

> '하자'는 Let's, 그러면 '말자'는? Let's not이다. 앞으로 이렇게 단순한 문장들은 별로 안 나올 것이다. 그러니까 지금 실컷 말하쟤!!

Let's를 말할 때는 보통 웃으면서 **"우리 ~하지!"** 라는 식으로 말한다.

Let's not study! ★2

Let's not go there! ★3

Let's go swimming!

Let's go to the supermarket!

Let's not buy this!

Let's play soccer!

Let's not eat dinner!

Let's not burp!

Let's play!

Let's party!

Let's go to his house!

Let's not sing!

Let's call him!

Let's work!

Let's drive!

Let's read!

Let's not fight!

Let's do it! ★4

★2 '~하지 말자'는 Let's 다음에 not을 붙여서 Let's not이라고 하면 된다. ★3 거기에, 그곳에 =there ★4 하다=do

발음은 어떻게? **따지지 말고**

MBC 인기프로인 "노브레인 서바이벌"을 보면 문천식 씨가 스피드 퀴즈에서 답을 웅얼거리는 장면이 있다. 미국에 간 한국분들 대부분이 이렇게 웅얼거리신다. 아무리 영어를 잘하더라도 자신없게 응얼거리면 미국인들은 알아들을 수가 없다. 왜냐면, 너무 목소리가 작아 안 들리니까. 무조건 자신있게 공격적으로 말할 것을 당부하고 싶다. 마치 싸우듯이.

그리고 제발 무조건 빨리 말하려고 하지 말기를, 빨리 말한다고 유창한 게 절대 아니다. 끊어서 또박또박 말하기를 바란다. 왜냐면, 현실은 코미디가 아니기 때문이다. 발음이 안 되는 단어가 있으면 사전을 찾아 발음기호를 보는 것도 좋지만 그냥 강약을 마음대로 이곳저곳 줘 보면서 발음해 보는 것도 좋다. 예를 들어 Enjoy를 발음한다고 하면 en에 강을 줘보기도 하고 joy에 강을 줘보기도 하고, 끝을 내려보기도 올려보기도 하면서 단어를 가지고 놀아본다. 그리고 발음해본 중 제일 멋있게 느껴지는 대로 발음하는 것도 괜찮다.

난 영국에서 3년, 미국에서 2년을 살았다. 그래서 여러 종류의 발음을 경험해 봤다. 미국영어, 호주영어, 영국영어 등등등

영어는 문화다. 학문이 아니다.
옳고 그름을 판단할 필요는 없다.

즐기자. 물론 정말 틀린 발음도 있겠지만 시작은 이렇게 즐기며 하는 것이 좋다. 마치 유치원 아이가 모국어를 배우듯이. (유치원 아이는 영어사전의 발음기호를 안 본다.)
영어도 이젠 개성있게 하자. 마치 흑인 래퍼들이 자신들만의 개성있는 발음을 창조했듯이 한국인만의 멋지고 개성있는 발음을 창조하는 것도 잘못하는 일은 아니다.

너무 옳고 그름을 따지지 말고 **즐기자! 놀자! 창조하자!**

DAY-7 일차

이제 아는 사람들은 다 알 것이다. 새로운 문형을 말하고 난 다음 날은 항상 전날 말한 모든 형태를 섞어서 말한다는 걸. 복습이 아니라 종합해서 말해보는 것이다.

대화를 하기 위해서는 대략 10가지 정도의 시제를 자유롭게 섞어서 쓸 줄 알아야 한다. 그렇기 때문에 여러분은 지속적으로 여러 형태를 섞어서 말하는 연습을 해야 되는 것이다.

자, 이제 지겨운 설명은 그만하고 바로 말해보자. 영어공부는 항상 動적으로!!! 손도 쓰고 몸짓도 이용해 최대한 자신의 뜻을 전달하는 데 힘쓰자.

바디 랭귀지를 잘해야 영어를 잘 할 수 있다.

영어공부는 항상 動的으로!!! 손도 쓰고 몸짓도
이용해 최대한 자신의 뜻을 전달하는 데 힘쓰자.

나는 요리 못 해.

중국집 가자!

너 내일 수영할 거니?

나는 수영 못 해.

축구 하자!

너 내일 뭐 할 거니?

나는 택시를 탈 거다. ★1

나는 스키는 못 타지만 스케이트는 탈 수 있다.

피자 주문하자! ★2

제발 싸우지 마라!

커피 한잔 주세요!

코코아 마시자! ★3

나는 요리를 할 수 있기 때문에 그녀는 나를 사랑할 것이다.

우리는 TV를 볼 수 없다.

니 인생을 즐겨!

영어 공부하자!

나는 오늘밤 서울호텔에서 잘 거야.

너 미국 어디서 머무를 거니? ★4

왜 너는 나랑 결혼할 수 없는데?

너 어떻게 거기에 갈 거야?

> '커피 한잔'이라고 하면 우리는 꼭 a cup of coffee를 생각한다. 하지만 실제로는 그냥 a coffee라고 많이 말한다.

말은 할수록 잘 할 수밖에 없다.
문장을 통째로 암기하는 무모한 짓은 하지 말자.

I can't cook.

Let's go to a Chinese restaurant.

Will you swim tomorrow?

I can't swim.

Let's play soccer.

What will you do tomorrow?

I will take a taxi. ★1

I can't ski but I can skate.

Let's order some pizza! ★2

Please don't fight!

Can I have a coffee?

Let's drink hot chocolate. ★3

She will love me because I can cook.

We can't watch TV.

Enjoy your life!

Let's study English!

I will sleep at the Seoul Hotel tonight.

Where will you stay in America? ★4

Why can't you marry me?

How will you go there?

★1 '택시를 타다'는 take a taxi 혹은 take a cab ★2 주문하다 =order ★3 코코아는 cocoa가 아니다. hot chocolate이다. '뜨거운 초콜릿'이다. ★4 머무르다=stay

> **어려우면 반복하면 된다. 절대 포기는 없다!**
> 여러분과 함께 여러분의 목적지까지 가는 것이 나의 목표이다.

싸우지 마라!

숙제하자!

니가 그녀를 위해 뭘 할 수 있는데?

그녀를 포기해!　　　　　　　　　　　★ 5

나는 항상 열심히 일할 것이다.

너 택시 탈 거니?

이 차를 사자!

너 언제 자러 갈 거야?

나는 이것을 선택할 것이다.　　　　　★ 6

우리는 뛸 수 없어.

걷자!

나는 너를 용서하겠지만 너를 다시 사랑할 수는 없어.　★ 7

나는 너를 사랑하고 너랑 결혼할 거야.

너 이거 어디서 팔 거니?

싸우지 말자!

일식점에 가지 말자!

라디오를 켜라!

너 육류 먹을 수 있어?

나를 위해 기도해 줘!　　　　　　　　★ 8

그들은 화장실에서 저녁을 먹을 수 없다.

> 어떤 수강생들이 "그냥 외우자!"라고 말하는 걸 들은 적이 있다. 나는 외우는 건 반대한다. 입에 자연스럽게 붙을 때까지 말해보는 것과 외우는 건 다르다.

아래를 우렁차게 그리고 온갖
리얼한 표정과 몸짓을 동원해 말해보자.

Don't fight!

Let's do our homework!

What can you do for her?

Give her up! ★5

I will always work hard.

Will you take a taxi?

Let's buy this car!

When will you go to bed?

I will choose this. ★6

We can't run.

Let's walk!

I will forgive you but I can't love you again. ★7

I love you and I will marry you.

Where will you sell this?

Let's not fight!

Let's not go to a Japanese restaurant!

Turn on the radio!

Can you eat meat?

Pray for me! ★8

They can't eat dinner in the toilet.

★5 포기하다=give up
★6 선택하다=choose ★7 용서하다=forgive ★8 기도하다=pray

J의 폭탄선언

그동안 나는 여러분에게 그냥 큰소리로 무식하게 말하라고만 해왔다. 하지만 7일차인 오늘 폭탄선언을 하겠다.

더 이상 말하지 마라! 이제는 표현해라!!!

즉 슬픈 말은 슬프게, 기쁜 말은 기쁘게 하자. 아무 감정 없는 말은 죽은 말이다. 감정과 억양을 담아서 말하자. 감정이 없으면 가뜩이나 영어 초보인 경우에는 미국인이 알아듣기 힘들다.

무슨 말이냐 하면 한국말을 막 배운 일본인이 인상을 쓰면서 "감사합니다"라고 한다면 여러분들은 그 사람이 도대체 감사하다는 뜻인지 화났다는 뜻인지 애매해질 것이다.

즉 말에 감정을 넣고 억양을 넣으면 의사 전달을 하는 데 도움이 된다. 우리가 영어를 왜 그렇게 공부하는가? 이유가 무엇인가?

잊지 말았으면 좋겠다. 우리는 그들과 대화하기 위해서, 즉 서로 의사소통을 하기 위해서 배우고 있다. 그렇다면 말할 때 감정도 곁들여야 한다. 그리고 바디 랭귀지도 마음껏 사용하자.

사실 저자 자신도 바디 랭귀지에는 약하다. 하지만 저자를 닮지 말고 (쑥스러우니까)

바디 랭귀지를 오버해서 사용하기를 바란다.

DAY-8일차

오늘은 무엇을 해야 할까?
오늘 말할 내용은 우리 모두가 **중1 때 배웠던 현재진행형**이다. 너무 너무 쉽다. 하지만 막상 입 밖으로 나오지 않아서 이렇게 우리는 오늘도 말하는 연습을 한다. 여러분들 영어옹알이 끝내게 해주려고...

자, **영어 옹알이를 끝내자.** 이제는 말하자. 아 참!! **표현하자.**

지금 당장 하고 있는 행동을 표현하는 말들이다.

나는 뛰는 중이다.
너는 점심 먹는 중이니? ★1
그들은 야구를 하는 중이 아니다.
너 왜 뛰고 있는 거야?
그녀는 싸우는 중이 아니다.
나는 학교에 가는 길이다.
그는 커피를 마시는 중이다.
그들은 춤추는 중이야.
너 뭐하는 중이냐? ★2
너 지금 어디서 축구하고 있어?
너는 요리하는 중이 아니잖아.
그들은 TV를 보고 있다.
나의 어머니는 주무신다. ★3
그는 편지를 쓰는 중이다.
당신 지금 나한테 말하는 거야? ★4
그들이 내 차를 고치는 중이다.
나는 과학을 공부하고 있다.
너 나를 위해 기도하는 거니?

"be동사 + 동사ing" 귀에 익지 않은가? 바로 현재 진행형이다. 이해할 필요 없다. 그냥 말하자!

옹알옹알~거리지 말고 자신있게 또박또박 표현하자!

I am running.

Are you eating lunch? ★1

They are not playing baseball.

Why are you running?

She is not fighting.

I am going to school.

He is drinking coffee.

They are dancing.

What are you doing? ★2

Where are you playing soccer?

You are not cooking.

They are watching TV.

My mom is sleeping. ★3

He is writing a letter.

Are you talking to me? ★4

They are fixing my car.

I am studying science.

Are you praying for me?

★1 물어볼 때는 be동사인 (is, are, am)을 맨 앞으로 쏙 빼면 된다. ★2 wh형제는 의문문 맨앞에 넣으면 끝. ★3 나의 =my. mom, mother, mommy는 모두 '어머니'를 뜻한다. ★4 Are you talking to me?는 남자들이 지나가는 사람에게 어깨에 잔뜩 힘을 주거나 눈을 부라리며 "지금 나 보고 뭐라고 한거야?"며 시비 걸 때 쓰기도 한다. 영화 "택시 드라이버"에서 로버트 드니로가 유행시킨 명대사.

이해가 안 되면 '그냥 그렇구나' 하고 맘 넓게 받아들이자.

너 사과 먹고 있어, 배 먹고 있어? ★5

비가 온다. ★6

그들은 숙제를 하는 중이다.

나는 피아노를 치는 중이다.

우리 수박 먹어.

너 왜 뛰고 있어?

너는 어떤 종류의 운동을 하고 있니?

그는 농구를 하는 중이 아니다.

그녀는 무엇을 하는 중이니?

걔들 어디서 싸우고 있어?

그는 내 편지를 읽는 중이다.

우리가 왜 그들의 차를 고치고 있는 거지?

그녀는 자기 차를 운전하는 중이 아니다.

너 왜 샤워하고 있어?

나는 그녀를 만나는 중이다.

그들은 스타크래프트를 하는 중이다. ★7

너는 무슨 게임을 하고 있어?

그녀는 어디서 자는 중이야?

> 영어는 단순하다. 한국말보다 단순하다. "이게 맞을까?" 하고 말해보면 십중팔구 맞다. 그러니까 자신있게 말하자.

벌써 8일차다. 미래에 영어로 말할 자신의 모습이
이제는 머릿속에 약간 그려질 것 같다.

Are you eating an apple or a pear? ★5

It is raining. ★6

They are doing their homework.

I am playing the piano.

We are eating a watermelon.

Why are you running?

What kind of sport are you playing?

He is not playing basketball.

What is she doing?

Where are they fighting?

He is reading my letter.

Why are we fixing their car?

She is not driving her car.

Why are you taking a shower?

I am meeting her.

They are playing Starcraft. ★7

What game are you playing?

Where is she sleeping?

★5 ~아니면, 혹은=or ★6 '날씨'를 얘기할 땐 It을 주어로 쓰자. "날씨가 흐리다"는 It is cloudy. ★7 play는 '연주하다'도 되지만 '오락게임을 한다'고 할 때도 play를 사용한다.

J식 문법

책 전체를 통해서 알겠지만 나는 개인적으로 문법을 자주 설명하지도 또 깊이 신경쓰지도 않는 편이다. 물론 문법이 중요하지 않다는 이야기는 아니다. 꼭 필요하다. 그러나 여러분은 마치 머리만 무지하게 크고 몸의 다른 부분은 잘 발달되지 못한 가분수처럼 문법에 있어서만 과발육되어 있고 리스닝, 특히 스피킹에선 미발육 상태이다. 즉 과거에 필요 이상으로 문법만 너무 오버해서 공부했다는 얘기다. 그래서 지금 여러분은 자신의 문법 수준에 훨씬 뒤쳐진 '말하기'를 발달시키기 위해 저자와 함께 이 책으로 연습하고 있는 것이다.

단, 오늘은 나의 문법 풀이법을 여러분과 나누고 싶어서 이렇게 "J식 문법"을 썼다.

그냥 가볍게 읽고 넘어가자!!!

아래는 오늘 배운 현재진행형을 나만의 방법으로 풀어본 것이다. 아래의 방법을 다른 어떤 시제에나 적용해도 동일하게 사용될 수 있다. 즉 하나의 시제를 해부하고 다시 조립하는 방법이다.

현재진행형은 be동사+동사ing이다

그러므로 "나는 뛰는 중이다"는 I am running이다. 그럼 "너는 뛰는 중이다"는 You are running이 된다. 부정문 즉 "~하는 중이 아니다"라고 말하고 싶으면 간단히
be동사 뒤에 not을 붙이면 된다. 즉 "나는 뛰는 중이 아니다"는 I am not running이다.

그럼 이 의문문은 어떻게 만드느냐?

You are running에서 be동사 are만 맨 앞으로 빼면 된다. 즉 Are you running?이 된다. where, what, who 등의 wh형제들은 어느 시제나 의문문 앞에 살짝 넣으면 된다. 그러므로 "너는 왜 뛰는 중이니?"는 Why are you running? 그리고 "너는 뭐 하는 중이니?"는 What are you doing?이 된다.

DAY-9일차

8일차까지 벌써 우리는 다섯 가지 형태의 말을 해보았다. 이제 여러분들이 대충 저자의 의도를 파악하고 따라와 주고 있다고 믿는다. 내 의도는 항상 말하지만

"여러분의 입이 열리게 해주는 것이다."

연필로 쓰지 않고, 머릿속으로 그냥 생각하지 않고
입 밖으로 **소리 내어 크게 말하는 것이다.**
그렇게 하고 있는가? 그렇다면 30일차가 끝난 뒤 여러분의 영어실력은 내가 보장한다.

이제 20일만 더 영어로 말하면 영어 옹알이를 졸업하게 됩니다. 기대되죠?

저녁 먹자!

나는 그녀와 결혼할 거야.

너 영어로 말할 수 있니?

그녀가 여기로 오고 있다. ★1

가자!

우리는 그들을 용서할 것이다.

그들은 스파게티를 요리하는 중이다.

샤워하자!

나 여기서 저녁 먹어도 돼?

제가 이거 살게요. (쇼핑하다 뭔가 사고 싶을 때) ★2

그들은 춤출 수 없다.

나는 이해가 안 됩니다.

나에게 다시 말해 주실래요? ★3

너 몇 시에 집에 갈 거야?

이거 먹어라!

노력하자!

그들이 언제 올까?

너는 걷고 있지 않아

너 이 집 살 거야?

나는 그녀를 영원히 사랑할 것이다.

> 점점 실제 대화에서 많이 나오는 표현들이 등장하고 있다. 이런 표현들을 더 이상 외워서가 아니라 상황에 따라서 만들어낼 수 있어야 한다. 지금 이렇게 만드는 연습을 소홀히 하지 말자. 크게 소리내어 하자!

이제 당신은 간단한 문장이 아닌 **대화를 하고 있다.**
벌써 여기까지 왔다.

Let's eat dinner!

I will marry her.

Can you speak English?

She is coming here. ★1

Let's go!

We will forgive them.

They are cooking spaghetti.

Let's take a shower!

Can I eat dinner here?

I will buy[take] this. ★2

They can't dance.

I can't understand.

Will you tell me again? ★3

What time will you go home?

Eat this!

Let's try!

When will they come?

You are not walking.

Will you buy this house?

I will love her forever.

★1 '여기'는 here이다 ★2 쇼핑하러 가서 유용하게 쓸 수 있는 표현이다. ★3 영어가 이해가 안 될 때 이렇게 말하면 다시 말해준다.

이제는 영어가 좀 친근하게 느껴질 것이다.
더 크게 더 자신있게 말하자!

비가 오고 있지만 내일은 눈이 올 것이다.

그들은 차 안에서 담배 피울 수 있니?

우리는 너를 이해할 수 있어.

그가 일하고 있기 때문에 나는 그와 점심을 먹을 수 없다.

너 피자 먹을 거니, 파스타 먹을 거니?

나는 일식은 못 먹는다.

일하자!

그들이 나의 생일날 노래 부를 것이다. ★ 4

나는 너를 용서하겠다.

너 내일 맥주 마실래?

너 뭐 하는 중이야?

그가 트럭 운전할 수 있어?

지금 당장 공부해!

커피 마시자!

그들은 왜 춤출 수 없는데?

너 내일 병원에 갈 거니?

시작하자!

너의 인생을 즐겨라!

> 영어의 모든 표현은 최소한 간단하게 하자! 쓸데없는 수식어는 아직은 가능하면 피하자.

> 단순하게 생각할수록 영어가 쉽게 나온다.
> 영어로 말할 때는 **생각을 단순하게 하자.**

It's raining but it will snow tomorrow.

Can they smoke in the car?

We can understand you.

I can't eat lunch with him because he is working.

Will you eat pizza or pasta?

I can't eat Japanese food.

Let's work!

They will sing on my birthday.   ★4

I will forgive you.

Will you drink beer tomorrow?

What are you doing?

Can he drive a truck?

Study right now!

Let's drink coffee!

Why can't they dance?

Will you go to a hospital tomorrow?

Let's start!

Enjoy your life!

★4 특정한 날 앞에는 on을 붙인다.

축구는 Soccer일까? Football일까?

영국에서는 축구를 football이라고 하고 미식축구를 American football이라고 한다. 하지만 미국에서는 미식축구를 football이라 하고 그냥 축구는 soccer라고 한다. 축구의 종주국은 영국이고 미식축구의 종주국은 미국이어서 그런지 몰라도 영국에서 football을 미식축구라고 하면 '아니'라고 노발대발하고 또 미국에서 football을 축구라고 하면 화는 내지 않아도 "보통 football이라고 하면 미식축구야."라고 가르치려 든다. 이유야 어찌 되었건 미국에서 football하면 미식축구고, 영국에서 football하면 그냥 축구다.

이외에도 미국과 영국 사이에는 은근한 **자존심 싸움**이 요즘에도 계속된다.
축구 이야기가 나와서 하는 말인데 영국의 축구사랑은 정말 대단하다. 영국에서 오죽하면 '축구는 종교'라는 말도 나오지 않았던가? 한번은 이런 적이 있었다. 영국이 축구경기에서 이태리에게 아깝게 패한 날이었다. 런던 남쪽 내가 살던 Kent 지방에서 영국인들이 소련인 한명을 이태리인으로 착각하고 폭행한 적이 있었다. 물론 훌리건들의 범행이었다…

한국과 영국이 축구 시합하는 날 여러분들은 절대로 영국 거리를 활보하지 않기를 당부한다. 혹은 영국과 아시아 어느 팀과의 시합이 있는 날도 마찬가지이다.

영어 실컷 배워서 막 써먹으려고 영국 갔다가 그런 불의의 사고를 당하지 않기를 J는 간절히 바라는 바이다.

DAY-10일차

8일차에서 우리는 "지금~하는 중이다"라는 형태의 말을 해보았다. 오늘 우리는 과거에 "~하는 중이었다"라는 문장들을 말해볼 것이다. 예를 들어 "나 8시에 너희 집에 가는 중이었어"라는 식의 표현. 대화에서는 꼭 필요한 표현이다. 항상 그랬듯이 오늘도 마치 대화하듯이 진지하게 그리고 큰소리 내어 표현해 보자.

우리는 딱 "이 책 한권과 입"만으로 말한다.
사전도 연필도 그 흔한 카세트 테이프도 필요없다.

아래 문장들을 영어로 바꾸어 큰 소리로 말해 보자.

나는 뛰는 중이었다.
그들은 야구를 하는 중이었다.
그녀는 7시에 공부하고 있었다.
우리는 그때 커피를 마시는 중이었다. ★1
그는 요리를 하는 중이 아니었다.
우리가 걷고 있었던가?
그들은 어디서 점심을 먹는 중이었니?
너는 왜 춤추고 있었니?
그녀는 나에게 전화하는 중이었다.
그는 무엇을 하는 중이었니?
나는 스타크래프트를 하는 중이었다.
그들은 샤워하는 중이었다.
내 여자친구가 나에게 말하고 있었다.
그들이 너를 찾고 있었다. ★2
그녀는 자기 방에서 자고 있지 않았다.
너 왜 그녀를 때리고 있었니? ★3
나는 어제 일하는 중이었다.
그들은 책을 쓰고 있었다.

> 항상 그랬듯이 이 책은 공부하는 책이 아니라 말하는 책이다. 소설책 읽듯이 가볍게 읽으면서 꼭 따라서 말해보자

아래를 말할 때 정말 자기 자신이 과거에 아래의 행동들을 하고 있었다는 생각으로 리얼하게 이야기하자.

I was running.

They were playing baseball.

She was studying at 7.

We were drinking coffee then. ★1

He wasn't cooking.

Were we walking?

Where were they eating lunch?

Why were you dancing?

She was calling me.

What was he doing?

I was playing Starcraft.

They were taking a shower.

My girlfriend was talking to me.

They were looking for you. ★2

She wasn't sleeping in her room.

Why were you hitting her? ★3

I was working yesterday.

They were writing books.

★1 그때=then ★2 look for=사람 혹은 사물을 찾다 ★3 hit=때리다

아래를 영어로 말하지!

그들은 싸우고 있지 않았다.

그녀가 어디서 전화하는 중이었니?

나는 교회에 가는 길이었다.

그녀는 미용실에 가고 있었다.

7시에 비가 오고 있었다.

왜 너는 맥주를 마시고 있었어?

나는 시험을 보는 중이 아니었다. ★ 4

그녀가 어디서 책을 보고 있었죠?

나는 그것을 하고 있었다.

나는 사과와 오렌지를 먹고 있었다.

그들이 무엇을 먹고 있던가요?

너 왜 울고 있었니?

나는 라디오를 듣는 중이었다.

그들은 도서관에서 쉬는 중이었다.

너는 노래 부르고 춤추고 있었다.

너희들은 어디서 아침을 먹는 중이었니?

그녀는 극장에 가는 중이었다.

우리는 노래를 듣던 중이 아니었다.

> 아마 태어나서 지금까지 말해본 영어보다 요즘 J와 함께 말하는 영어가 더욱 많을 것이다.

Don't Read!
Just Speak!

They weren't fighting.

Where was she calling from?

I was going to the church.

She was going to a hairdresser.

It was raining at 7.

Why were you drinking beer?

I wasn't taking an exam. ★4

Where was she reading a book?

I was doing it.

I was eating an apple and an orange.

What were they eating?

Why were you crying?

I was listening to the radio.

They were resting in the library.

You were singing and dancing.

Where were you eating breakfast?

She was going to the theatre.

We weren't listening to music.

★4 시험을 보다=take an exam. 앞서 나왔던 take a shower처럼 "take+명사"로 여러 행위를 표현할 수 있다. take a trip(여행하다), take a walk(산책하다), take a look(보다)

이 책을 버려라?

이제 영어로 쉬운 말은 어느 정도 할 수 있는가? 아니면 아직도 입이 꿈쩍도 하지 않는가? 후자라면 이 책을 더 이상 공부하지 않기를 권한다. 아직도 간단한 말들이 입에서 나오지 않는다면 이 책이 엉터리거나 책을 따라서 제대로 하지 않은 것이다. 전자든 후자든 시간 낭비할 필요가 없다. 나는 예전에 강의할 때도 학생, 성인 할 것 없이 실력이 늘지 않으면 가차없이 그만두라고 말했다. 그 이유는 서로 시간낭비 할 필요가 없기 때문이다. 실력이 늘지도 않는데 뭣 하러 하는가? 10일차면 벌써 영어에 흥미를 느끼고 영어를 10일 전에 비해 훨씬 많이 말할 수 있어야 한다. 정말 미안하지만 만일 영어에 흥미도 생기지 않고, 영어로 말도 안 나온다면 이 책은 당신에게 적합하지 않다. 반대로 결과가 좋다면 앞으로 남은 분량을 더욱 열심히 하길 바란다.

가장 좋은 동기부여는 실력이 느는 것을 자기 자신이 직접 느끼는 것이다. 내가 앞에서 자신했듯이 나의 방법대로만 여러분이 따라온다면 결과는 장담할 수 있다. 지금도 늦지 않았다.

그저 30일 동안만 시키는 대로
크게 말하고 어린아이처럼 순수하게 받아들이자.

그럼 더 이상 새로운, 획기적인 학원이나 영어책을 찾아다닐 필요가 없다. 내가 가르쳐 주려는 방법을 머리로 그냥 아는 것이 아니라 30일간의 연습으로 자기 것으로 만들 수 있다면 앞으로는 어떤 교재도 잘 소화해낼 수 있다.

다시 말하겠다. 이 책을 진지하게 따라하지 않을 거라면 차라리
이 책을 버려라!

DAY-11 일차

오늘은 10일차까지 말해본 **모든 종류의 말을 섞어서** 말해보도록 하자. 지금까지 연습한 것만으로도 여러분들은 이미 엄청나게 많은 말을 할 수 있게 됐다. 그 사실을 여러분 스스로가 깨달아야만 한다.

그리고 이미 할 수 있는 말은 **최대한 많이 또 자주 말해야** 된다. 말을 많이 하면 할수록 더 자연스럽고 당당하게 할 수 있게 된다.

아래는 이것저것 다른 형태의 말들이다. 영어로 바꾸어 크게 말해 보자.

치킨버거 주세요.
저는 소고기는 못 먹어요. ★1
나는 운전할 수 없다.
걷자!
너 내일 뭐 할 거니?
싸우지 마라!
춤추자!
그녀는 학교에 가는 중이었다.
그는 테니스를 치는 중이다.
우리가 이걸 먹어도 됩니까?
나는 성공할 것이다. ★2
너희들은 수영하는 중이었다.
너는 뭐 하는 중이었니?
그녀는 사과를 먹는 중이지만 나는 사과를 먹을 수 없다.
점심 먹자!
너 뭐 살 거니?
우리는 스키를 타는 중이 아니라 스케이트를 타는 중이다.
너 그녀를 몇 시에 만날 거야?
너 나를 위해 기도할 수 있니?
제발 나를 도와줘!

> Are you doing your best? Ask yourself!

Speak up! Speak out!
큰소리로 거침없이

Give me a chicken burger.

I can't eat beef. ★1

I can't drive.

Let's walk!

What will you do tomorrow?

Don't fight!

Let's dance!

She was going to school.

He is playing tennis.

Can we eat this?

I will succeed. ★2

You were swimming.

What were you doing?

She is eating an apple but I can't eat apples.

Let's eat[have] lunch!

What will you buy?

We are not skiing, we are skating

What time will you meet her?

Can you pray for me?

Please help me!

★1 소고기=beef, 돼지고기=pork, 닭고기=chicken
★2 성공하다=succeed

Can You Speak English?

그들은 영어를 말하는 중이다.

너 내일 어디 갈 거니?

파티 하자!

옷을 벗어라! ★ 3

그녀는 말하는 중이었다.

그녀는 책을 읽지 않을 것이다.

나는 춤을 잘 추지 못한다. ★ 4

너 돼지고기 먹을 수 있어?

그들은 노래를 부르고 있다.

너 성공할 수 있어?

옷 입어! ★ 5

너 모레 뭐 할 거니?

너희들은 그들을 용서할 거야?

그냥 뛰어!

나는 당신을 항상 사랑할 것입니다.

너 언제 내 집에 올 거냐?

나는 잡지를 읽는 중이었다.

영어 공부 하자!

> Are you speaking or just reading and thinking? Remember!!! We are learning "Speaking."

Are you enjoying now?
Please enjoy speaking English!

They are speaking English.

Where will you go tomorrow?

Let's party!

Take off your clothes! ★3

She was talking.

She won't read books.

I can't dance well. ★4

Can you eat pork?

They are singing.

Can you succeed?

Put on your clothes! ★5

What will you do the day after tomorrow?

Will you forgive them?

Just run!

I will always love you.

When will you come to my house?

I was reading a magazine.

Let's study English!

★3 옷을 벗다=take off (누구의) clothes ★4 잘=well ★5 옷을 입다 =put on (누구의) clothes

영국은 England가 아니다?

그렇다. 우리가 알고 있는 영국은 England가 아니다! 우린 흔히 영국, 웨일즈, 스코틀랜드, 아일랜드를 통틀어서 그냥 England라고 하곤 한다. 미국인들도 그냥 그렇게 부르곤 한다. 하지만 웨일즈 사람에게 "당신 영국인이죠(Are you English)?"라고 하면 별스럽게 "나는 웨일즈인입니다(I am Welsh)"라고 한다. 올림픽이나 축구월드컵에도 영국, 웨일즈, 스코틀랜드, 아일랜드는 서로 다른 팀으로 출전한다.

그들 자신을 "United Kingdom(연합 왕국)"이라 불러

주길 원한다. 그래서 사람들이 영국을 UK라 하는 것이다. 사실 축구월드컵에도 서로 뭉쳐서 하나의 팀으로 출전한다면 더 좋은 성적을 낼 수 있는데도 불구하고, 서로의 역사적인 문제와 아직도 남아있는 서로간의 자존심 때문에 굳이 다른 팀으로 출전하고 서로 다른 나라라고 주장하는 것 같다.

그들의 이런 역사적 배경을 잘 나타내주는 영화가 바로 '브레이브 하트'이다. 자기들끼리 영토 싸움을 하며 죽고 죽이는 이 영화를 한번 본다면 영국이라는 나라를 이해하는데 도움이 될 것이다. 또 이들 네 지역의 여권을 보면 국적이 England가 아닌 United Kingdom으로 나와 있다. 앞으로 영국인을 만나면 유심히 살펴보자. 웨일즈 사람인지 아니면 스코틀랜드 사람인지…

무턱대고 English라고 해서 심사를 건드리지 말자. 그들은 자기 혈통에 대한 자존심이 대단하다.

DAY-12 일차

오늘은 **일상적이거나 습관적인, 또는 반복적인 행동과 지속적인 감정상태**를 나타내는 표현들을 말해보자. 보통 현재형을 사용해서 말하는데, 현재형이 무엇인지 모른다 해도 상관없다. 그냥 말하면서 '아, 이런 거구나' 하며 감잡으면 된다. 나는 오늘 말할 내용이 영어에서 가장 중요한 부분이라고 생각한다. 왜냐면 바로 오늘 배울 내용으로 여러분은

I Love You를 말할 수 있기 때문이다.

열심히 말해야 하는 충분한 이유가 되지 않나? (ㅋㅋㅋ)

지금 당장 '~하는 중이다'의 현재진행형과 헷갈리지 말자. '항상 하는' 현재 사실은 현재시제로

나는 학교에 6시에 간다.

너는 컴퓨터를 매일 고친다.

나는 그녀를 사랑한다.

너는 그녀를 좋아한다.

그들은 아침에 뛴다.

우리는 그들을 증오한다.

나는 소망한다.

그녀는 저녁에 뛴다.

그는 책을 좋아한다.

그녀는 매일 일한다.

그는 그의 차를 매일 아침 고친다.

나는 항상 아침을 요리한다. ★1

나는 1주일에 한번씩 연필 두 자루를 산다. ★2

우리는 그들과 함께 항상 뛴다.

나는 매일 아침을 먹는다.

그녀는 나에게 매일 전화한다.

그들은 아침에 우유를 마신다.

나는 매일 영어를 공부한다.

> Now we can say "I love you."

영어로 할 수 있는 말이 늘어날수록
이 책이 사랑스러워지지 않는가?

I go to school at 6.

You fix computers every day.

I love her.

You like her.

They run in the morning.

We hate them.

I hope.

She runs in the evening.

He likes books.

She works every day.

He fixes his car every morning

I always cook breakfast. ★1

I buy two pencils a week. ★2

We always run with them.

I eat breakfast every day

She calls me every day.

They drink milk in the morning.

I study English every day.

★1 always=항상, sometimes=때때로, never=절대로 ~않다, often=종종
★2 매주= a week 또는 per week

여기까지 왔다면 효과가 있는 게 분명하다. 주위 사람들에게 전수해서 영어로 스트레스 받지 않게 도와주자.

너 나 좋아해?

너는 왜 아침마다 뛰는 거야?

그들은 매일 아침을 먹나요?

너는 아침에 우유 마시니?

어떻게 너는 매일 영어 공부를 하니?

그녀가 너를 사랑해?

걔들 밤마다 싸워?

그녀는 자기 차를 매일 고치니?

너는 무엇을 좋아해?

그는 누구를 좋아하니?

너는 무엇을 소망하니?

너는 항상 싸우니?

그녀는 항상 일하니?

나는 영어를 좋아하지 않아.

그녀는 너를 사랑하지 않는다.

그들은 항상 일한다.

너는 아침에 무엇을 공부하니?

언제 그들은 뛰니?

> 이 책으로 애인에게 전화를 걸어 '영어로 말하기'를 가르쳐 줄 수 있다 29일차에서 더 자세히 설명하겠다.

Do you love English?

Do you like me?

Why do you run in the morning?

Do they eat breakfast every day?

Do you drink milk in the morning?

How do you study English every day?

Does she love you?

Do they fight every night?

Does she fix her car every day?

What do you like?

Who does he like?

What do you hope?

Do you always fight?

Does she always work?

I don't like English.

She doesn't love you

They always work.

What do you study in the morning?

When do they run?

> If you are enjoying "Speaking English", you will speak fluent English someday.

"포기란 배추를 셀 때나 하는 말이다!"

나는 개인적으로 성인반을 많이 가르쳐 보았다. 그 중에 가장 기억에 남는 학생이 있다면 바로 '늦깍이 학생'이다. 그분은 회사 2개를 운영하시는 사장님으로 연세가 내 아버지랑 비슷하셔서 나는 그분을 사장님 혹은 도리어 선생님이라 부르곤 했다. 그분은 불혹의 나이에도 불구하고 아침 새벽 6시 강의를 거의 한번도 빠지신 적이 없었다. 나도 그분이 그토록 열심히 하시는 걸 보고 자극을 받아 더욱 열심히 가르쳤다. 처음에는 발음도 최악이었는데 끊임없이 노력한 끝에 1년 수강하시고 영어로 웬만한 말은 다 하실 수 있게 되어 프리토킹반으로 올라가셨다.

하루는 내가 이렇게 물었다.

J: 사장님, 가끔 밤에 술도 드시고 할 텐데 어떻게 이렇게 매일같이 일찍 나오십니까?
사장님: 모르셨어요? 저 영어 마스터 할 때까지는 술 자제하려구요.
J: 역시 대단하십니다. 보통 그 나이가 되시면 영어는 포기하기 쉬운데요.
사장님: 허 젊은 선생, 포기란 배추를 셀 때나 쓰는 말이요!

3년이 지난 지금도 내가 힘들고 포기하고 싶을 때면 이 말이 생각난다. 여러분도 나이가 (혹은 연세가) 얼마이신지 몰라도 절대 포기하지 말자. 그리고 여러분이 명강사 J까지 만난 이때 포기란 정말 배추 셀 때나 쓸 법한 말이다. 나는 여러분만 열심히 따라와 주면 결과는 장담한다.

같이 가자! 포기하지 말자!

"포기란 정말 배추를 셀 때나 하는 말이다!"

DAY-13 일차

내가 영어로 말하기를 가르칠 때 수많은 수강생들이 항상 어려워했던 부분은 바로 현재형과 현재진행형의 구별이라고 해야겠다. 이 둘은 우리 생각에는 같은 말처럼 들릴 수도 있지만 확실히 다른 표현이고 이 둘을 구분할 수 있어야만 앞으로 이 책을 끝내고 더 높은 수준의 영어를 구사할 때도 쉽게 영어가 이해될 수 있다.

그래서 오늘은 딱 현재형과 현재진행형만 섞어서 말해 보도록 하자.

현재 진행형과 현재형은 확실히 다르다는 것을 알고 말하자.

I am running. VS I run.

너는 왜 우유를 마시고 있어?

그들은 왜 아침에 뛰는 거야?

그녀는 항상 점심을 먹는다.

나는 야구 하고 있다.

너는 밤에 뭐 하니?

그녀는 항상 공부한다.

그들은 치킨을 먹는 중이다.

너는 뭐 마시고 있어?

그녀는 절대로 나에게 전화하지 않는다.

너는 그를 좋아하지 않아.

그들은 자신과 싸우는 중이다. ★ 1

왜 너는 그를 사랑하니?

너는 무엇을 읽고 있니?

우리는 아침에 뛴다.

그녀는 매일 어디서 저녁을 먹어?

너는 얼마나 자주 차를 바꾸니?

나는 아침을 먹지 않는다.

너 뭐 하고 있어?

> 나는 지금 뛰는 중이다= I am running.(지금 벌어지고 있는 행위) 나는 아침에 뛴다=I run in the morning.(일상적인 행위, 습관)

잘 모르겠으면 자꾸 말해 보자. 말해 보면 저절로 이해가 되기도 한다. 그래서 **영어는 언어다. 말해야 언어다.**

Why are you drinking milk?

Why do they run in the morning?

She always eats lunch.

I am playing baseball.

What do you do at night?

She always studies.

They are eating chicken.

What are you drinking?

She never calls me.

You don't like him.

They are fighting themselves. ★1

Why do you love him?

What are you reading?

We run in the morning.

Where does she eat dinner every day?

How often do you change your car?

I don't eat breakfast.

What are you doing?

★1 그들 자신=themselves, 나 자신=myself, 너 자신=yourself

영어에 자신감을 가지자!
여러분은 벌써 영어로 너무나도 많은 말을 할 수 있다.

나는 야구를 좋아하고 나의 여자친구는 축구를 좋아한다.

그녀는 뛰는 중이고 그는 걷는 중이다.

그녀는 절대로 뛰지 않지만 지금 뛰고 있다.

너는 학교 끝나고 (보통) 뭐 하니?

그들은 그들의 인생을 즐기는 중이다.

너 무슨 과목 공부하고 있어?

나는 너를 사랑하지 않아.

너 테니스 치니?

너 피자를 사고 있구나.

그녀는 무엇을 좋아하니?

그녀는 스파게티를 요리하는 중이다.

나는 의자 위에 앉아 있다.

그는 항상 차고에서 뭐 하니?

어디서 그들은 항상 저녁을 먹니?

나는 그에게 전화하는 게 아니다.

그녀가 나의 꽃에 물 주고 있다. ★2

우리는 너희들을 사랑한다.

나는 내 방에서 편지를 쓰는 중이다.

Believe in yourself!

Now, you can go and talk to an American person.

I like baseball and my girlfriend likes soccer.

She is running and he is walking.

She never runs but she is running now.

What do you do after school?

They are enjoying their life.

What subject are you studying?

I don't love you.

Do you play tennis?

You are buying pizza.

What does she like?

She is cooking spaghetti.

I am sitting on a chair.

What does he always do in the garage?

Where do they always eat dinner?

I am not calling him.

She is watering my flower. ★2

We love you.

I am writing a letter in my room.

★2 '물을 주다'는 단순하게 water 이다. 앞에서도 말했듯이 재미있지 않은가? ㅋㅋㅋ

민족사관고 귀여운 여학생의 질문

우리 학원에서 토플을 배우던 여학생이 하나 있었다. 정말 너무나 총명하고 영어도 너무 잘해서 한국에서만 영어를 공부했다는 게 믿어지지 않을 정도였다. 사실 나는 그 아이가 때론 무섭기까지 했다. 질문도 너무나 많았고 선생님들이 감당하기 힘들 정도로 총명했다. 하루는 같이 점심을 먹는데 낙지를 먹게 되었다. 그 아이는 물었다.
"선생님, 문어는 octopus고 오징어는 squid인데 낙지는 뭐예요?"
영국과 미국 어디에서도 나는 낙지 요리를 본 적이 없었기에 낙지가 뭔지 몰랐다. 그래서 "응, 잘 모르겠는데 선생님이 알아보고 내일 알려 줄게" 했다. 학원에 와서 교포 친구에게 물었더니 모르겠다고 했다. 그래서 사전을 찾아보니까...

글쎄 낙지는 Little Octopus였다.

그렇다, 영어는 절대로 복잡하지 않다. 단순하게 생각하면 의외로 쉽게 풀리는 것이 영어다. 자꾸 복잡하게 생각하며 자신을 학대하지 말고

영어의 단순함을 즐기자!

DAY-14일차

어제 13일차가 생각보다 어려웠으리라고 생각된다. 그래서 자신감을 불어넣을 이야기 하나 해주면 영문학도들도 13일차를 막상 시켜보면 이 두 가지를 잘 구별하여 말하지 못한다. 왜냐면 한국말에서는 겉으로 드러나는 현재형과 현재진행형의 차이가 없기 때문이다. 즉 He is playing soccer.라고 해도 우리말로는 굳이 "그가 축구를 하는 중이다" 또는 "그가 축구하고 있어"라고 말하기보단 "걔 축구해"라고 말하는 경우가 많다. 그래서 '축구해'만 갖고는 playing인지 play인지 구별하기 힘들다. 하지만 이 말을 하는 사람(화자)과 듣는 사람(청자)은 정확히 구별한다. 그 대화 상황에 있으니까. 그러니 13일차가 어려웠다고 걱정하지 말자! 조금 욕심이 있으면 13일차를 다시 한번 말해보고 아니면 그냥 14일차를 열심히 하자.

항상 말했듯이 이 책은 소설책 읽듯 가벼운 마음으로 읽는다.
혹 모르겠으면 그냥 넘어가면 된다.

완벽히 이해하려 하지 말고 그냥 말하자!!!

소설책 보듯이 가볍게 페이지를 넘기지만 말할 때만큼은 진지하고 크게 말하자!

뛰지 말자!

난 사과를 좋아하기 때문에 사과를 많이 살 것이다.

너 오늘 어디서 잘 거니?

그들은 야구를 잘 못하지만 지금 야구 하고 있다.

이거 사자!

그녀는 7시에 뛰고 있었고 나는 걷고 있었다.

제가 이거 사겠습니다.

나는 너를 사랑해. 너 나랑 결혼할래?

그들은 너희들을 용서할 것이다.

내가 너에게 금반지 줄게. 너 금반지 좋아해?

그거 나한테 줘!

너 일식 먹을 수 있니? 일식집에 가자!

나는 두통이 있다. ★1

우리는 공부하는 중이다. 너도 우리랑 공부할래?

너 감기야? ★2

난 미국으로 갈 거야. 너는 어디로 갈 거니?

너는 무슨 종류의 과일을 좋아하니?

나는 춤을 못 춰. 너는 춤출 수 있어?

> 어디가 아픈 증세를 나타낼 때는 I have ~ache.를 사용한다. 예를 들어 '나는 귀가 아프다'는 I have an earache.

Speak with Your Heart!
머리로 말고 가슴으로 말하자!

Let's not run!

I will buy many apples because I like apples.

Where will you sleep today?

They can't play baseball well, but they are playing baseball now.

Let's buy this!

She was running at 7 and I was walking.

I will buy[take] this.

I love you. Will you marry me?

They will forgive you.

I will give you a gold ring. Do you like a gold ring?

Give it to me!

Can you eat Japanese food? Let's go to a Japanese restaurant.

I have a headache. ★1

We are studying. Will you study with us?

Do you have a cold? ★2

I will go to America. Where will you go?

What kind of fruit do you like?

I can't dance. Can you dance?

★1 두통=headache
★2 감기=cold 혹은 flu

영어는 무조건 말하고 본다.
즉 내뱉고 보자!

나는 매일 7시에 학교에 간다.

너 왜 뛰고 있어? 제발 뛰지 마!

그녀는 어제 8시에 축구하고 있었다.

제발 죽지 마! 내가 널 위해 기도할게!

아침 먹자!

우리는 이것을 못 먹어. 피자 주문하자!

너 내일 뭐 할 거야?

나는 그녀를 사랑하지만 나는 그녀를 위해 포기하겠다.

너 언제 일어날 거니?

우리는 너희를 용서하겠지만 너희를 사랑할 수는 없다.

너 나 사랑해?

나는 달리는 중이고 그녀는 점프하는 중이다.

너 몇 시에 집에 갈 거야?

너 축구 좋아해? 축구 하자!

떠들지 말자!

우리 그곳에 어떻게 갈 거야? 뛰자!

걷자!

나에게 감자를 줄 수 있니? 나는 감자가 좋아.

> 말을 계속하다 보면 어느 순간 딱 느낌이 오는 경우가 있다 "이제 말이 되는구나!" 하고, 그때까지 조금만 노력하자!

앞으로 어린 학생들도 이런 재미있고 쉬운 방법으로 영어를 접했으면 하는 것이 나의 작은 바람이다.

I go to school at 7 every day.

Why are you running? Please don't run!

She was playing soccer at 8 yesterday.

Please don't die! I will pray for you.

Let's have breakfast!

We can't eat this. Let's order pizza!

What will you do tomorrow?

I love her but I will give up for her.

When will you get up?

We will forgive you, but we can't love you.

Do you love me?

I am running and she is jumping.

What time will you go home?

Do you like soccer? Let's play soccer!

Let's not make a noise!

How will we go there? Let's run!

Let's walk!

Can you give me potatoes? I like potatoes.

우리 학생들은 암기 위주의 지긋지긋한 영어를 공부하고 있다. 그들도 이런 식의 '말하는 영어'를 배웠으면 좋겠다.

How are you?만 있는 게 아니다

우리는 영어 인사말로 보통 How are you?를 많이 배운다. 그리고 그에 따른 대답으로 I'm fine. Thank you, and you?를 연습하고 또 연습한다. 하지만 막상 해외에 나가서 보면 How are you?가 자주 쓰이지 않음을 알 수 있다. 즉 How are you? 대신 다른 인사말들이 많이 쓰인다. 또 나라별로 자주 쓰이는 인사말도 제각각이다. 오늘은 여러 나라의 서로 다른 인사말을 알아보도록 하자.

1. 미국 : What's up! 이라는 말을 많이 쓴다.
   이에 적당한 답은 Nothing much!(별일 없어!)이다.
2. 호주 : Good day mate!
   그냥 같이 Good day mate! 하고 대답하면 된다.
3. 내가 살던 영국 남부지역 : All right mate!
   똑같이 All right mate! 하면 된다.
4. 미국에서 내가 알던 흑인 친구는 이렇게 말하곤 했다. What up!
   (발음은 "웝 덥!") 흑인들은 이렇게 문법적으로는 틀리지만 멋진 표현들을 창조해서 쓰곤 한다.

위의 모든 인사말은 다 그냥 "잘 지내니?"라는 뜻이다. 그러니까 기죽지 말고 잘 모르겠는데 왠지 인사말 같으면 그냥 I'm fine. 하고 넘기면 된다.

DAY-15일차

과거 얘기 좋아하는 사람들은 오늘 날 만났다. 오늘은 과거를 말하는 날이기 때문이다.
"나 어제 야구했다." 혹은 "너 어제 뭐 했니?" 등등을 한번 말해 보자.

대화하는 데 기본적으로 꼭 필요한 형태 중 하나인 **과거형이다.**

크게 말하고 자신있게 말하자!

독자들의 몫은 그저 크게 열심히 이야기 하는 것이다. 나머지 결과는 앞에서 말했듯이 내가 다 책임을 지겠다.

규칙적으로 동사 뒤에 ed가 붙는 동사들이 있는가하면 불규칙적인 동사들도 있다. (예: run→ran)

나 어제 야구 했다.

너 어제 뭐 했어? ★ 1

그녀는 어제 학교에 갔었다. ★ 2

걔들 왜 어제 공부했어?

나는 지난주에 춤추지 않았다.

너는 누구를 사랑했었니?

그는 나의 꽃에 물을 주었다.

너 이거 어디서 샀어?

나는 내 차가 좋았다.

나는 작년에 이 컴퓨터를 샀다. ★ 3

너 어제 뭐 팔았니?

그들은 어제 어디에 갔었어?

어제 우리는 TV를 보았다.

너는 어떻게 여기에 왔니?

그는 자신의 조국을 위해 싸웠다. ★ 4

그녀가 내 꽃을 죽였다.

우리는 그들을 용서해 주었다. ★ 5

지난주에 너는 무슨 운동을 했냐?

> 사실 불규칙 동사들은 좀 알아야 된다. 그렇다고 외우려고 애쓸 건 없다. 말하면서 자연스럽게 익히자!

Speaking of the Past

I played baseball yesterday.

What did you do yesterday? ★1

She went to school yesterday. ★2

Why did they study yesterday?

I didn't dance last week.

Who did you love?

He watered my flower.

Where did you buy this?

I liked my car.

I bought this computer last year. ★3

What did you sell yesterday?

Where did they go yesterday?

We watched TV yesterday.

★1 do-did ★2 go-went
★3 buy-bought ★4 fight-fought
★5 forgive-forgave

How did you come here?

He fought for his country. ★4

She killed my flower.

We forgave them. ★5

What sport did you play last week?

> 긴 설명은 책 보는 이를 질리게 한다.
> 나는 그냥 같이 말하면서 즐기는 것을 좋아한다.

니가 누구의 컴퓨터를 고쳤어? ★ 6
그녀는 어제 내 차를 운전했다. ★ 7
그녀는 어디에 살았었니?
그들은 지난주에 맥주를 마시지 않았다.
너 어제 어디서 잤냐?
그녀는 오늘 아침에 샤워를 했다. ★ 8
너희 어제 저녁 먹었어?
나는 오늘 7시에 학교에 갔다.
너 야구 했니?
그녀가 어디로 갔어?
나는 어젯밤 콜라만 마셨다. ★ 9
넌 그녀를 사랑했니?
너 어제 왜 집에 있었어?
나는 어제 두통이 있었다. ★ 10
나는 어제 병원에 갔었다.
나는 어제 그녀를 만났다. ★ 11
나는 그 파티가 즐겁지 않았다.
그녀가 왜 여기에 왔었어?

> 재미있게 말하는 수강생들을 보면
> J는 힘이 넘친다.

애인에게 전화해서 아래 문장들을 영어로 해보라고 하자. 이렇게 해보면 재미도 있고 **서로에게 도움도 된다.**

Whose computer did you fix? ★6

She drove my car yesterday. ★7

Where did she live?

They didn't drink beer last week.

Where did you sleep yesterday?

She took a shower this morning. ★8

Did you eat dinner yesterday?

I went to school at 7 today.

Did you play baseball?

Where did she go?

I only drank coke last night. ★9

Did you love her?

Why did you stay home yesterday?

I had a headache yesterday. ★10

I went to a hospital yesterday.

I met her yesterday. ★11

I didn't enjoy the party.

Why did she come here?

★6 누구의 컴퓨터=whose computer, 누구의 책=whose book ★7 drive-drove ★8 take-took ★9 drink-drank ★10 have-had ★11 meet-met

해외에서의 쇼핑

나는 어려서부터 영국 유학을 한 덕분에 영국, 프랑스, 이태리 등지에서 쇼핑할 기회가 자주 있었다. 물론 신상품은 세계 어디를 가나 비싸다. 하지만 세일 시즌에 잘 맞춰서 가면 좋은 품질의 상품들을 상상을 초월하는 가격에 구입할 수 있다. 예를 들어 영국에서는 여름 세일 때 이름만 대면 누구나 아는 유명 브랜드 티셔츠를 한국 돈 20,000원 정도에 구입할 수 있다. 그리고 미국에서는 세일 기간이 아니더라도 아울렛에 가면 역시 웬만해선 욕심내기 힘든 고가 브랜드 티셔츠를 20,000원 정도에 구입할 수가 있다. 여기까지는 그다지 놀랄 만한 일이 아닐 것이다. 이런 이야기는 주변에 여행 갔다온 친구들에게 또는 친지들에게 익히 들었으리라 생각한다.

한번은 파리에 간 적이 있었다. 무엇을 특별히 살 생각은 아니었는데 그냥 가게가 붐비는 것 같아 들어가 보았다. 거기서는 명품 신발들을 모아 놓고 팔고 있었는데, 마음에 드는 스웨이드(세무) 신발이 있어 보니 한국에서는 50~60만원 하는 브랜드였다. 사야겠다는 생각보다는 도대체 여기선 얼마일까 하는 생각에 가격을 물으니 우리나라 돈으로 5만원 정도였다. 그래서 얼른 그 신발을 신어보고 샀던 기억이 난다. 이렇게 잘 돌아다니면 여행도 하고 좋은 물건도 헐값에 살 수 있다. 물론 사치성 쇼핑 여행은 안 좋은 것이지만 나갈 기회가 있으면 이렇게 엄청난 매매 차익(?)을 챙겨 기분좋은 하루가 되면 좋겠다. 9년이 지난 지금도 그 신발을 가끔 신는데 정말 편하다.

DAY-16일차

오늘은 1일차부터 15일차까지 나왔던 모든 유형을 섞어 보자. 이제는 정말 대화를 할 수 있는 수준까지 거의 다 왔다. 여러분이 자신감만 갖고 있다면 하고 싶은 모든 표현은 단순하게나마 말할 수 있을 것이다. 그러니까 이제는 길 가는 외국인 보면 괜히 피하지 말고 친절하게 인사라도 하고 뭐 도와줄 건 없는지 물어보자. 어떻게 묻냐고???
이렇게 → 제가 당신을 도와 드려도 되겠습니까? → Can I help you!
쉽지 않은가? 이제는 그들에게 다가가자.

그리고 자신있게 지금까지 연습한 말들을 실험하자.

섞어서 말하는 건 쉽지 않다. 헷갈리기도 하고. 하지만 어쩔 수 없다. 바로 이런게 대화다!!!

나는 너를 위해 살아갈 것이다.

학교 가자!

그거 하지 마!

나는 사과를 좋아하지만 사과를 먹지 않을 것이다.

그녀가 왔을 때 나는 TV를 보고 있었다. ★1

그들은 왜 새 차를 살 수 없는 거야?

그녀는 항상 6시에 학교에 간다.

그녀는 커피를 마시는 중이다.

그녀는 야구를 하는 중이었다.

그들은 우리를 좋아하지만 우리는 그들을 좋아하지 않는다.

연필 하나 줘!

얘기해 보자!

그녀는 어디에 사니?

나는 여기서 살 수 없다.

우리는 6시에 농구를 하는 중이었다.

그들은 작년에 새 집을 샀다.

나는 이 꽃을 죽이지 않았다.

나는 널 사랑해. 그러니까 너 나랑 결혼할래? ★2

> 영어는 다시 말하지만 자신감이다.
> 자기 자신을 과소평가하지 말고
> 자신감을 갖자

Speak with Confidence!

I will live for you.

Let's go to school.

Don't do it!

I like apples, but I won't eat apples.

I was watching TV when she came. ★1

Why can't they buy a new car?

She always goes to school at 6.

She is drinking coffee.

She was playing baseball.

They like us but we don't like them.

Give me a pencil!

Let's talk!

Where does she live?

I can't live here.

We were playing basketball at 6.

They bought a new house last year.

I didn't kill this flower.

I love you, so will you marry me? ★2

★1 '~할 때' 라고 말하려면 when을 사용한다. 예)내가 점심 먹고 있을 때 그녀가 왔다.=She came when I was eating lunch.
★2 그러니까, 그래서=so

> 나의 수강생들이 그랬듯이 여러분이 30일 후에 만족스런 표정으로
> 나에게 박수를 보낼 생각을 하니 벌써부터 들뜬다.

너 이거 할 수 있니?

비가 와.

어제는 눈이 왔지만 오늘은 비가 올 것이다.

나 두통이 있어. 아스피린 좀 사줘!

너 차 가지고 있니?

너 오늘밤 우리집에 올 거니?

8시에 그녀는 운동장에서 뛰고 있었다.

나 여기 어제 왔어.

너 나를 좋아하니?

다이어트 하자! ★ 3

너는 언제 대학에 갈 거니?

자동차 키 주세요! 나는 슈퍼에 갈 거예요.

나는 그녀를 사랑하지만 그녀는 그를 사랑한다.

내 꽃이 어제 죽었다.

너 몇 시에 잘 거니?

나를 사랑해줘!

나는 할 수 있다. 나는 성공할 것이다.

그는 어디에 사니?

> 말은 자꾸 해봐야 는다. 자꾸 말하자!
> 친구들에게 영어로 말해보자!
> (왕따 당하지 않게 조심)

영어를 말할 때 발음도 중요하다. 하지만 한번에 하나씩 하자. 우선은 말한다는 그 자체에 비중을 두자.

Can you do this?

It is raining.

It snowed yesterday, but it will rain today.

I have a headache. Buy me some aspirin!

Do you have a car?

Will you come to my house tonight?

She was running in the playground at 8.

I came here yesterday.

Do you like me?

Let's go on a diet! ★3

When will you go to a university?

Give me the car key! I will go to the supermarket.

I love her, but she loves him.

My flower died yesterday.

What time will you sleep?

Love me!

I can do it. I will succeed.

Where does he live?

★3 다이어트하다=
go on a diet
그럼 "나 다이어트 했었다"는
I went on a diet이다.

슈퍼마켓은 콩글리시다?

그렇다! 슈퍼마켓은 콩글리시다. 그리고 한국사람은 슈퍼마켓이 하도 입에 익숙해져 있어서 외국에 가서도 '슈퍼마켓 슈퍼마켓' 하곤 한다. 하지만 미국인들은 그 말을 알아들을 수가 없다. 알고 있겠지만 supermarket이다. 즉 맨앞이 s발음이다. s발음은 우리나라의 그냥 'ㅅ'과 같다. 근데 자꾸 '슈퍼 슈퍼'라고 sh로 발음하니까 당연히 미국사람들이 알아들을 수가 없는 것이다. 비슷한 예로 슈퍼맨 superman이 있다. 이 역시 '수퍼맨'으로 그냥 s발음이다.

이런 한국식 발음의 영어를 우리는 공공연하게 사용하곤 한다. 축구에서 자주 쓰는 '드로잉'. '드로잉'이라고 하면 미국인들은 '그림 그리기'인줄 안다. 드로잉이 아니고 throwing이다. 이외에도 너무너무 많다. 실제 영어에는 없는 표현인데도 있는 표현인 양 버젓이 쓰이는 말들. 우리 자주 쓰는 말 있지 않은가.

"코리아 파이팅!"

이런 표현은 미국, 영국 어디에서도 쓰이지 않는다. 이럴 땐 이렇게 한다.

"Go Korea, Go!"

DAY-17 일차

"나는 소년이다"는 아마도 중학교 1학년 첫 영어수업에서 배운 첫 문장일 것이다. 오늘은 이런 형태의 문장들을 말해보도록 하자. 지금까지 우리가 '동작'에 관련된 말을 했다면 오늘은 **사물을 설명하고, 묘사하는 말**들을 해보도록 하자.

내가 **가장 말하고 싶은 문장은** I am rich 이다.

우리에게 가장 익숙한 영어 문장 "I am a boy." 이런 종류의 문장을 말해보자.

나는 소년이다.
너는 소년이니?
너는 누구니?
그들은 선생님들이다.
그녀는 소녀니?
왜 너는 뚱뚱하니?
그녀는 어디 있어?
이것은 연필이다.
저것은 전화기이다.
이것은 뭐니?
그들은 누구니?
나는 뚱뚱하다.
그녀는 예쁘다.
나는 똑똑하다.
그녀는 귀엽니?
그들은 친절하다.
우리는 건강하다.
나는 무겁다.

> 쉬운 문장들인 만큼 자신감 있게 크게 말하자. 쉽다고 진지함을 잃지 말자.

You are speaking in English. Are you happy?

I am a boy.

Are you a boy?

Who are you?

They are teachers.

Is she a girl?

Why are you fat?

Where is she?

This is a pencil.

That is a telephone.

What is this?

Who are they?

I am fat.

She is beautiful.

I am smart.

Is she cute?

They are kind.

We are healthy.

I am heavy.

이제 좀 말할 때 감정이 들어가는가?
아니면 아직도 인상 쓰면서
I am happy.라고 말하는가?

하루에 30분 결코 길지 않은 시간, 이 시간만큼은 진지하게 대화하듯 말하자!

나는 잘생긴 소년이다.

그녀는 뚱뚱한 소녀입니까?

이것은 비싼 연필이다.

저것은 뭐죠?

그것은 아주 가볍다.

그는 부자야?

그녀는 주차장에 있다.

너는 학교에 있니?

그는 어디에 있어?

그들은 가난한 음악가들이다.

그녀는 귀여운 여자다.

그는 왜 뚱뚱해?

너는 (컨디션이) 어떠니?

나는 (컨디션이) 괜찮아.

나는 덥다.

날씨가 덥다.

날씨 더워?

날씨가 어때?

> 영국에서는 날씨를 물어볼 필요가 없다. 거의 매일 비가 오기 때문에 항상 우산을 준비하는 것이 좋을 것이다.

이제 "당신은 아름답소."라고 말할 수 있다.

I am a handsome boy.

Is she a fat girl?

This is an expensive pencil.

What is that?

It is very light.

Is he a rich man?

She is in the garage.

Are you in the school?

Where is he?

They are poor musicians.

She is a cute woman.

Why is he fat?

How are you?

I am fine.

I am hot.

The weather is hot. (It's hot)

Is the weather hot? (Is it hot?)

How is the weather?

> Say this to your girlfriend!
> "You are beautiful."

영국에서 만난 별난 유학생들
가볍게 한번 읽어보면서 "아 그렇구나!" 하고 오늘을 마무리하자!

1. 일본 여자 아이가 있었는데 일본에서는 지체 높은 가문의 딸이라고 했다. 똑똑하고 아름다운데 남자친구가 없어 주변 사람들에게 물어보니까 그녀에게는 이미 15살 연상의 정혼자가 있다고 하더라!!!
2. 아프리카의 어느 나라에서 온 친한 친구가 있었는데 그 애 할머니가 국무총리라고 했다. 근데 정말 웃긴 건 국무총리인 할머니도 창과 화살을 가지고 종종 먹이를 구하러 사냥 나간다고 했다!!!
3. 내가 살던 집에 하루는 조금 딸하게 생긴 태국 아이가 하나 왔다. 그래서 우리는 여러 가지를 그에게 묻던 중 아버님이 뭐 하냐는 질문을 하게 되었다. 그러자 그는 아버지가 도로에서 일하신다고 했다. 그래서 우리는 막노동꾼인 줄 알았다. 나중에 알게 된 일인데 그 애 아버지는 태국의 톨게이트를 관리하는 어마어마한 재벌이라고 하더라!!!
4. 내 친구 중 나이지리아 재벌 아들이 한 명 있다. 가끔 형제들이 학교에 놀러오곤 했는데 아무리 생각해도 형제들이 너무 많은 것 같아 하루는 물었다. "너 형제가 도대체 몇 명이냐?" 그랬더니 13남 2녀라고 하면서 어머님이 네 분 계시다고 했다!!!
5. 마지막으로 영국에 있을 때 한번은 어느 술집에서 정말로 예쁜 동양인을 만난 적이 있다. 그래서 말도 걸고 술도 같이 마셨다. 처음에는 일본인인 줄 알았다. 자신을 잡지 모델이라고 소개한 그녀는 나중에 내가 한국인이라니까 반가워하며 영어로 자기는 일본에 사는 한국인이라고 말했다. 그러더니 갑자기 "동무! 아 위생실이 어디야?" 하더라!!!
(영국에는 북한말 쓰는 재일동포들이 많이 유학 와 있다.)
어찌 됐던 그 말을 들은 나는 순간 갑자기 술이 확 깼다.

DAY-18일차

이제는 여러분이 나의 패턴을 완전히 파악했으리라고 생각된다. 그렇다. 오늘은 지금까지 말해본 모든 형태의 말들을 섞어서 말해볼 것이다. 일일이 세어보면 지금까지 우리는 아홉 가지 다른 종류의 말을 연습했다. 말이 아홉 가지이지 아홉 가지 다른 문형을 섞어서 자유자재로 말할 수 있다면 영어로 대화가 가능하다고 할 수 있다. 그렇다,

여러분은 이미 영어로 말이 가능한 단계까지 왔다.

단순 문장은 이제 20일차까지가 마지막이다. 그러니까 3일만 더 꾸준히 말하자.

단순히 말하자!!!

나같이 끈기없는 사람이 여기까지 글을 쓴 것도 대단하고, 여기까지 열심히 따라와 준 여러분도 **정말 대단하다.**

이 꽃은 정말 아름답다. 나는 이 꽃을 살 것이다.
나는 스파게티를 좋아한다. 스파게티 먹자!
그들은 운동장에서 야구를 하는 중이다.
그녀는 뚱뚱하지만 나는 그녀를 사랑한다.
어젯밤에 그들은 TV를 보는 중이었다.
이것은 무거운 책상이지만 나는 그것을 운반할 수 있다.
그녀는 키가 크고 말랐다. 그녀를 찾아라!
내일 비가 올 거래. 너 내일 뭐 할 거니?
그들은 선생님들이다. 그들을 돕자!
우리들은 걸을 수 없다. 너 차 있니?
나 어제 학교에 갔었다.
그녀가 나를 보았을 때 나는 사라와 키스하는 중이었다.
너희들은 어디서 농구를 하고 있니?
내가 너희와 함께 가도 돼?

이제는 그럴싸한 문장들이 자주 나오고 있다.

너 몇 시에 일어나? 내가 너에게 전화할게.
그들은 학생이므로 맥주를 마실 수 없다.
나에게 당신의 여권을 보여줄 수 있습니까?
너는 너무 친절해서 나는 너와 결혼할 수 없어.

긴 문장은 **천천히 말하는 것이 좋다.**
빨리 말한다고 영어가 유창한 게 결코 아니다.

This flower is really beautiful. I will buy this flower.

I like spaghetti. Let's eat spaghetti.

They are playing baseball in the playground.

She is fat but I love her.

They were watching TV last night.

This is a heavy desk but I can carry it.

She is tall and thin. Find her!

It will rain tomorrow. What will you do tomorrow?

They are teachers. Let's help them.

We can't walk. Do you have a car?

I went to school yesterday.

I was kissing Sarah when she saw me.

Where are you playing basketball?

Can I go with you?

다시 말하겠다. 긴 문장은 천천히 끊어서 말하면 된다.

What time do you get up? I will call you.

They are students so they can't drink beer.

Can you show me your passport?

You are too kind so I can't marry you.

영어와 한국어는 말의 순서가 다르다. 영어로 말할 때는 영어 어순으로 생각하는 것이 좋다.

이것은 맛있는 사과이지만 그녀는 사과를 싫어한다.

그들은 우리를 잊을 것이다.

나는 뜨거운 커피를 좋아하지 않는다.

오늘 비가 올 거야. 우산을 가지고 가!

공부하자! 내년에 대학에 가자!

나는 싸움을 못 해. 나는 너무 약해.

너 어디 가는 중이니?

그는 매일 학교에 간다.

너 정말 예쁘다. 너 누구니?

> 말을 해보면서 느끼겠지만 영어로 말하는 게 그렇게 어렵지만은 않다. 처음 몇 마디가 어렵지, 말을 하기 시작하면 멈출 수 없다. 왜? 재미있으니까.

나는 작년에 '체어맨'이 있었다.

나는 사과를 좋아한다. 너 나를 위해 사과를 살 수 있니?

그녀가 왔을 때 비가 오고 있었다.

너 몇 시에 출근하니? 같이 가자!

그녀는 그와 결혼할 수 없다. 그들은 작년에 헤어졌다.   ★1

그녀는 어젯밤 어디에서 머물렀니?

그들은 늙었다. 그래서 그들은 춤을 출 수 없다.

너는 나를 위해 무엇을 할 수 있니?

그녀는 가난하다. 그래서 나는 그녀를 도울 것이다.

we are SPEAKING English.
Not reading or writing!!!

This is a delicious apple but she doesn't like apples.

They will forget us.

I don't like hot coffee.

It will rain today. Take an umbrella!

Let's study! Let's go to a university next year!

I can't fight. I am too weak.

Where are you going?

He goes to school every day.

You are very beautiful. Who are you?

I had a 'Chairman' last year.

I like apples. Can you buy apples for me?

It was raining when she came.

What time do you go to work? Let's go together!

She can't marry him. They broke up last year. ★1

Where did she stay last night?

They are old, so they can't dance.

What can you do for me?

★1 헤어지다=break up

She is poor so I will help her.

실력있는 네이티브 강사 고르기

내 주변에는 네이티브 강사들이 꽤 많은 편이다. 수강생 입장에서 볼 때는 모든 원어민 선생님들이 다 똑같아 보일 것이다. 하지만 그들의 능력과 자세는 천차만별이다. 그럼 30일 뒤에 학원에 갈 독자들을 위해 좋은 원어민 강사 고르는 법을 소개하겠다.

1. 생김새는 중요하다. 깔끔한 선생님이 더 열심히 잘 가르친다.
2. 말을 많이 하는 선생님은 금물이다. 학생들로 하여금 말을 많이 할 수 있게 유도해 내는 선생님이 진짜 프로다.
3. 한국에 온 지 너무 오래된 선생님은 별로 좋지 않다. (매너리즘에 빠져 있을 가능성이 높다.) 한국에 온 지 석 달 정도 된 선생님이 딱 좋다.
4. 마지막으로, 하나를 보면 열을 알 수 있다고 자꾸 수업시간에 늦는 강사는 자질이 의심스럽다.

위 사항 중 어느 하나에라도 해당되면 그다지 좋은 원어민 강사라고 할 수 없다. 만약 둘 이상의 항목에 해당되는 강사에게 배우고 있다면 즉시 강사를 바꾸든지 학원을 바꾸기를 권장하고 싶다.

원어민 강사라고 다 똑같은 게 아니다.

DAY-19일차

오늘은 마지막으로 "나는 소년이었다"류의 문장을 말해보도록 하겠다. 새로운 형태의 문장을 말하는 것도 오늘이 마지막이다. 내일부터는 지금까지 말해본 동사 형태를 가지고 말하는 연습을 할 것이다. 오늘 말해볼 과거시제는 과거의 행동이 아니라 과거의 상태를 묘사하는 문장들이다.

즐기자!

아래를 영어로 **크게 크게** 말하자!

나는 소년이었다.

그는 뚱뚱했었다.

그녀는 작년에 예쁘지 않았다.

그들은 똑똑하지 않았다.

그것은 (가격이) 비쌌다.

이것은 (가격이) 쌌니?

너는 학생이 아니었다.

그의 이름이 뭐였니?

이게 그녀의 것이었어?

그가 어디에 있었어?

연필 하나가 필통 안에 있었다.

사과는 쟁반 위에 있었다.

그녀는 어렸다.

그 시험은 어려웠다.

이 차는 작년에 (상태가) 좋았었다.

네 차가 어디 있었어?

누가 그녀의 친구였니?

그들이 누구였어?

저자가 생각하기에 대화를 하는 데 꼭 필요한 시제 중 마지막이다.

이제는 외국인 친구에게 이런 말을 듣고 우쭐대길 바란다.
"어라, 못하는 말이 없어!"

I was a boy.

He was fat.

She wasn't pretty last year.

They weren't smart.

It was expensive.

Was this cheap?

You weren't a student.

What was his name?

Was this hers?

Where was he?

A pencil was in a pencil case.

An apple was on a tray.

She was young.

The exam was difficult.

This car was good last year.

Where was your car?

Who was her friend?

Who were they?

> Was it easy or difficult?
> If(만약) it was difficult,
> do it again.

Are you enjoying it?
Is it fun?

너는 작년에 학생이었어, 아니면 선생이었어?

그녀는 뚱뚱하고 못생겼었다.

그녀가 누구였어?

그의 이름이 뭐였지?

어렸을 때 나는 귀여웠다.

그 식당에 있을 때 나는 불안했다.

나의 어머니가 교사였을 때 나는 좋은 학생이었다.

그는 어디 있었니?

그 연필은 비쌌지만 좋지 않았다.

그들이 부자였어?

이 안경은 비쌌다.

지난주에 나는 행복했다.

그는 왜 그렇게 말랐던 거야?

어렸을 때 그녀는 매우 사랑스러운 소녀였다.

그것은 호랑이였다.

나의 여자 친구는 예뻤다.

그들은 가난한 농부들이었다.

나는 용감한 군인이었다.

Now, you can have a conversation(대화) with an English native speaker.

Now You (students) and I (J) can communicate in English

Were you a student or a teacher last year?

She was fat and ugly.

Who was she?

What was his name?

I was cute when I was young.

I was nervous when I was in the restaurant.

I was a good student when my mom was a teacher.

Where was he?

The pencil was expensive but it wasn't good.

Were they rich?

These glasses were expensive.

I was happy last week.

Why was he so thin?

She was a lovely girl when she was young.

That was a tiger.

My girlfriend was beautiful.

They were poor farmers.

I was a brave soldier.

> I am proud of you all.

유학을 꿈꾸는 학생들과 부모님들에게...

나는 중2 때 영국으로 유학 갔다. 어린 나이에 떠났기 때문에 그들의 문화와 언어를 받아들이는 것이 그만큼 쉬웠다. 한국에서 많은 학생들이 겪는 입시 스트레스나 시험 석차에 대한 부담감으로부터 우선 자유로웠고, 내가 좋아하는 럭비부에서 매주 럭비시합을 하는 등, 부모님의 통제 없이 내가 하고 싶은 것을 마음껏 했다. 그 덕분에 나름대로 재미있는 중·고등학교 시절을 보냈다. 하지만 유학이 무조건 좋은 것만은 아니었다. 그때는 몰랐지만 어린 나이에 사랑하는 부모님과 떨어져 지낸다는 것이 바람직하지 않았던 것 같다. 당연히 사랑받고 커야 할 나이에 부모님의 사랑을 전화로 밖에 느낄 수 없었기에 나는 그 허전함을 다른 것들로 채우려 했다.

굳이 이 책에서 그 다른 것들이 무엇이었는지 이야기 하지는 않겠다. 어쨌든 하나님과 부모님의 사랑으로 이렇게 다시 건장한 청년으로 살고 있지만, 누가 나에게 조기유학에 관해 상담한다면 나는 가능하면 혼자 보내지 말고 어머님이 따라 가든지 아니면 대학까지는 한국에서 마치고 대학원 때 유학을 가라고 말해주고 싶다. 대학교 때 성적만 좋으면 장학금 받고 갈 수도 있고, 하여튼 대학원은 좋은 조건으로 유학 갈 수 있는 길이 많다. 아이들이 어린 나이에 꼭 받아야 할 부모님의 사랑과 보살핌을 박탈당하면서까지 영어나 선진 문화를 배워야 할까?

좋은 대학도, 훌륭한 언어실력도 좋지만 **아름다운 인간으로 성장하기 위해서는 부모님의 사랑이 꼭 필요하다.**

DAY-20일차

자 이제 드디어 학습이라면 학습이라고 할 수 있는 부분은 다 끝났다. 이제는 지금까지 연습한 문장들을 가지고 물 흐르듯이 섞어서 말해보자. 아직까지 헷갈리는 게 좀 있어도 괜찮다.

말할 수 있다는 그 사실만으로도 여러분은 이미 성공한 것이다. 조금 틀리고 실수하는 것은 크게 신경 쓰지 말자. 그 누구도 처음부터 완벽하게 말할 수는 없다. 의사소통만 되어도 우리는 소기의 목표를 달성한 것이다.

Translate into English!

6시에 나한테 전화해!

지금 비 와. 내가 몇 시에 널 볼 수 있겠니?

오늘 아침에 나는 아침을 먹었다. 그래서 저녁을 먹지 않겠다.

너 어제 뭐 했니? 너 쇼핑 했니?

우리는 가족이다. 싸우지 말자!

너 어제 7시에 뭐 하고 있었어?

비가 왔기 때문에 그들은 어제 야구를 하지 않았다.

내 아내는 젊었을 때 예뻤다.

너 스타크래프트 잘 할 수 있어? 너 내일 나랑 할래?

그 여자 누구야? 나한테 말해줘!

나는 그녀를 사랑하지만 그녀와 결혼할 수 없다.

그녀는 어디에 살아? 나는 그녀가 좋아.

너 이거 어디서 샀니? 나도 이거 살 거야.

나는 운전 못 해. 뛰자!

우리들은 월요일에 학교 갈 거야. 너도 갈 거니?

너는 누구를 좋아하니? 나는 켈리를 좋아해.

너 왜 거기에 갔니? 너 파티 좋아해?

나는 부유했었다. 나는 성공할 것이다.

Are you satisfied(만족스러운) with this book?

Are you speaking in English or thinking in English?

Call me at 6!

It's raining now. What time can I see you?

I ate breakfast this morning. So I will not eat dinner.

What did you do yesterday? Did you go shopping?

We are family. Let's not fight!

What were you doing at 7 yesterday?

They didn't play baseball yesterday because it rained.

My wife was beautiful when she was young.

Can you play Starcraft well? Will you play with me tomorrow?

Who is she? Tell me!

I love her but I can't marry her.

Where does she live? I like her.

Where did you buy this? I will buy this, too.

I can't drive. Let's run!

We will go to school on Monday. Will you go?

Who do you like? I like Kelly.

Why did you go there? Do you like parties?

I was rich. I will succeed.

> Are you confident(자신감 있는)? Now you can say everything in English.

Don't speak too quickly! Speak clearly!

너 영어 할 수 있니? 나 내년에 영어 배울 거야.

그들은 너무 뚱뚱하다. 그래서 그들은 다이어트를 할 것이다.

너는 어떤 차가 좋아? 우리 트럭 한 대 사자!

걔들 누구야? 걔네들 정말 잘생겼다.

너는 사이다 좋아해, 아니면 콜라 좋아해?

너 왜 어제 한국말로 말했니? 영어로 말해!

나는 영어로 말 못 해. 그러면 이 책을 태워!

이거 좋은 시계군요. 이거 살게요.

무슨 색깔이 있나요? 빨간색으로 살게요.

너 어제 왜 일본에 갔어? 너 일본인 여자친구 있어?

나는 감기에 걸렸다. 그래서 일하러 갈 수 없다.

그녀는 떠났다. 그래서 나는 슬펐다.

학교 가자! 공부하자!

뛰어! 우리는 바빠.

나는 가난하기 때문에 새 차를 살 수 없다.

너는 무슨 과목을 좋아하니?

나를 도와줘! 나는 니가 필요해.

몇 시니? 나 7시에 집에 갈 거야.

> 영어로 말할 수 있다는 사실이 너무 기쁘고 흥분되지 않는가?

Speak what you know!
(아는 것을 말해라!)

Can you speak English? I will learn English next year.

They are too fat. So they will go on a diet.

What car do you like? Let's buy a truck!

Who are they? They are really handsome.

Do you like sprite or coke?

Why did you speak in Korean yesterday? Speak in English!

I can't speak English. Then burn this book!

This is a good watch. I will take it.

What color do you have? I will take red.

Why did you go to Japan yesterday? Do you have a Japanese girlfriend?

I have a cold, so I can't go to work.

She left, so I was sad.

Let's go to school! Let's study!

> 영어는 어느 나라에 가든 통한다.
> 영어 하나만 제대로 하재!!

Run! We are busy.

I can't buy a new car because I am poor.

What subject do you like?

Help me! I need you.

What time is it? I will go home at 7.

'벤처기업'은 한국이 만든 신조어

우리나라에서 말하는 '벤처기업'을 미국에서는 흔히 start-up company, 즉 새로 시작하는 회사, 신생기업이라고 부른다. venture company란 말은 잘 쓰이지 않던 말이었다. 하지만 세계적으로 '벤처' 하면 한국이 떠오르는 시대가 된 지금 미국이나 영국 IT 관련 사람들도 으레 venture company 하면 우리나라 사람들처럼 '벤처기업'이구나 하고 알아듣는다. 영어에 없던 샐러리맨(salaryman)을 탄생시킨 일본처럼 한국이 영어 신조어를 하나 탄생시킨 셈이다.

나는 학교 다닐 때 친구들에게 내가 좋아하던 여자아이를 이렇게 묘사한 적이 있다. "She shines like a diamond!" (그녀는 다이아몬드 같이 빛나!) 그날 이후로 우리 학교 남학생들은 예쁜 여자를 보면 이렇게 말하곤 했다. "She shines!"

이렇게 **한국인도 영어 유행어를 만들 수 있다.**
그러니까 꼭 미국인이 하는 표현을 따라하려고 하지 말고 자기 자신만의 개성있고 독창적인 말을 만들자. 항상 말했듯이 중요한 건 자신감이다. 틀린 말인지 맞는 말인지 머리로 생각하지 말고

그냥 느끼는 대로 말하자.

DAY-21 일차

어제까지는 단순한 문장들만 말했다면 오늘부터 8일간은 단순한 문장들을 보면서 실제 대화에 써먹는 연습을 해보자.

어렵게 생각하지 말자. **자신을 유치원생이라고 생각하고 최대한 단순하게 이야기 하자.**
8일간 나올 대화들은 대부분 저자가 영국 유학 1~2년차에 실제로 했던 대화들이다. 그렇다보니 대화가 화려하지는 않아도 영어를 배우는 독자들에게는 딱 좋은 수준이라고 생각한다.

여러분이 저자 "J"가 되었다고 상상하면서 진지하게 대화해 보자.
(J의 대사만 하지 말고 상대편 대사도 같이 영어로 말하자.)
(Emily의 대사는 여성스러운 목소리를 내어서 해보면 더 재미있겠다.)

J의 대사, Emily의 대사 모두 말하자!!!

J   안녕! 너 어제 뭐 했니?

E   나 어제 언니랑 영화 봤어.

J   무슨 영화?

E   "미녀와 야수"

J   재미있었어?

E   응, 아주 재미있었어. 그거 나랑 같이 볼래?

J   넌 그 영화 봤잖아.

E   괜찮아. 난 너랑 같이 보고 싶어.

J   왜?

E   그 영화는 우리 이야기야.

J   뭐?

E   나는 미녀. 너는 야수.

J   알았어! 오늘밤에 보자!

E   몇 시에 우리집에 올 수 있어?

J   8시.

E   내가 저녁으로 스파게티 만들게.

J   좋아! 그럼 8시에 보자!

E   그래. 그때 보자!

> 일부러 투박하게 써놓았다. 벌써 화려한 수식이나 멋진 말은 쓰려고 하면 오히려 외우는 데 급급할 수 있다. 외워서 말하려고 하지 말고 알고 있는 범위 내에서 말을 만들자.

미국인들은 실제로 아래와 같이 대화한다. 우리가 한국어로 말할 때도 사실 **복잡하게 말하지 않는다.**

J	Hi! What did you do yesterday?
E	I watched a movie with my sister yesterday.
J	What movie?
E	"The Beauty and the Beast"
J	Was it fun?
E	Yes, it was really fun. Do you want to watch it with me?
J	You watched the movie.
E	It's OK. I want to watch it with you.
J	Why?
E	The movie is our story.
J	What?
E	I am the Beauty and you are the Beast.
J	OK! Let's watch it tonight!
E	What time can you come to my house?
J	8.
E	I will cook spaghetti for dinner.
J	Great! See you at 8!
E	OK. See you then!

> 나는 개인적으로 미녀와 야수를 참 좋아한다. 내가 못 생겨서 그러나? ㅋㅋㅋ

Emily와의 이별 예감

J   안녕하세요! 에밀리와 통화할 수 있어요?

A   안돼! 그애는 샤워중이란다.

J   제가 30분 전에 전화했을 때도 샤워중이었는데요.

A   난 모르겠는데. 여기 없어.

J   그녀가 거기 있는 거 알아요. 통화하고 싶어요.

A   알았다. 바꿔 줄게.

E   안녕! 제이!

J   너 나랑 통화하기 싫어?

E   아니! 샤워중이었어.

J   거짓말하지 마. 사실을 말해줘! 날 좋아하지 않는 거니?

E   아니야!

J   그럼 나랑 사귈래? ★1

E   난 모르겠어. 그냥 친구로 지내자.

J   싫어. 나는 친구는 많아. 여자 친구가 필요해.

E   미안해...

J   미안하다고 말하지 마. 나는 괜찮아. 잘 있어.

E   또 전화해.

J   싫어, 안 할 거야. 안녕!

> 너무 드라마틱한가? 전부 실화다.

> 내가 너무 어려서 'Rush', 즉 서둘렀던 것 같다.
> 어쨌거나 첫사랑은 이루어지지 않는가 보다.

J	Hello! Can I speak to Emily?
A	No. She is taking a shower.
J	She was taking a shower when I called 30 minutes ago.
A	I don't know. She is not here.
J	I know she is there. I want to speak to her.
A	OK. I will get her on the phone.
E	Hi! J!
J	Don't you want to speak to me?
E	Yes! I was taking a shower.
J	Don't lie. Tell me the truth. Don't you like me?
E	Yes!
J	Then, do you want to go out with me? ★1
E	I don't know. Let's just be friends.
J	No. I have many friends. I need a girlfriend.
E	Sorry...
J	Don't say sorry. I am all right. Take care.
E	Call me again.
J	No, I will not. Good bye!

> 유치한 대화지만 내가 실제로
> 고등학교 1학년 때 첫사랑과 했던 대화이다.
> ★1 go out with ~= 누구와 사귀다.

Nobleness Oblige

'노블네스 오블리제'란 말이 있다.
귀족들이 자신들의 의무를 다한다는 뜻으로 nobleness(귀족)와 oblige(의무)가 합쳐진 말이다. 미국이나 선진국들을 보면 사회 지도층들이 그들의 의무를 회피하지 않고 성실히 이행하는 모습을 많이 볼 수 있다. 예를 들어 미국의 훌륭한 대통령 중 많은 분들이 젊은 시절 나라를 위해 참전했음을 우리는 익히 알고 있다. 우리나라도 독립운동을 하셨던 분들 중 그 당시 소위 '배우신 분'들이 정말 많았다. 요즘에도 분명히 그런 멋진 분들이 우리나라 곳곳에 많이 있다고 나는 믿는다. 하지만 때로 사회적인 지위나 명예를 남용하여 어렵고 힘든 일을 피해가려는 사람들을 볼 수 있다. 군대 가기를 기피하고, 세금 내기를 기피하고...
빽을 써서 마땅한 의무를 벗어버리는 것이 아니라 빽을 써서 어떻게 하면 주어진 의무 이상으로 나라를 위할 수 있을까 하는 마음. 그런 마음을 갖는 나 자신 그리고 여러분이 되었으면 좋겠다. (오해하지 말기를... 나는 서양사상을 무조건 본받자 이런 말이 아니다. 이런 멋진 표현과 생각을 한번 배워보자는 것뿐이다.)

서로 **빽 써서 자기 아들 전방에 군대 보내는 그런 세상이 오면 정말 아름답겠다.**

DAY-22 일차

내겐 제2의 가족이라고 할 수 있는 Martin 가족. 내가 영국에 있을 때 친아들 이상으로 사랑해주고 신경써준 Martin씨와 대화한 내용들을 말해보자.

자신을 나 J라고 상상하면서 마치 **연극하듯이 감정을 넣어** 말하자.

Martin과 와인을 마시며 축구를 보며

M 제이야! 이 와인 마셔!

J 고마워요. 누가 경기하는 거예요?

M 맨체스터하고 리버풀.

J 누가 이기고 있어요?

M 맨체스터. 베컴이 2골을 넣었어.

J 훌륭한 골이었나요?

M 하프타임 때 재연장면 봐! 아주 멋졌어!

J 알았어요. 와인 더 주세요!

M 냉장고에 있어. 병을 이리로 가져 와!

J 빵도 좀 가지고 올게요.

M 그래. 서둘러!

J 누가 골 넣었어요?

M 아니. 아직도 2대 0으로 맨체스터가 이기고 있어

J 맨체스터 좋아하세요?

M 아니. 난 리버풀이 더 좋아. 근데 맨체스터가 이길 것 같아.

J 저도 그렇게 생각해요.

M 리버풀도 아직 기회는 있어.

J 예. 그들에겐 오웬이 있잖아요.

> 이런 대화가 실제 생활에서 하는 대화이다.

소설속 대화가 아닌 J가 했던 실제 대화이다.
하프타임 때 본 베컴의 골은 정말 그림 같았다.

M	Hey, J! Drink this wine!
J	Thank you. Who's playing?
M	Manchester and Liverpool.
J	Who's winning?
M	Manchester. Beckham scored 2 goals.
J	Were they great goals?
M	Watch the replay at half time! They were brilliant.
J	All right. Give me more wine!
M	It's in the fridge. Bring the bottle here!
J	I will bring some bread, too.
M	OK. Hurry up!
J	Did anyone score?
M	No. It's still two zero to Manchester.
J	Do you like Manchester?
M	No. I like Liverpool better. But I think Manchester will win.
J	I think so, too.
M	Liverpool still has a chance.
J	Yeah. They have Owen.

English are mad about soccer. People always talk about soccer.

마틴 부인 "수" 아줌마와 슈퍼에서

S	너 뭐 살 거니?
J	잘 모르겠어요. 아마도 신발 아니면 음악시디.
S	너 신발 많이 있잖아. 음악시디 사!
J	알았어요. 시디나 한 장 살게요.
S	나는 식료품 살 거야. 너 나랑 같이 갈래?
J	아니요. 저는 레코드가게로 갈 거예요.
S	그럼 여기서 1시간 뒤에 보자.
J	알았어요.

— 1시간 뒤 —

S	너 무슨 시디 샀니?
J	D-boys 샀어요.
S	나는 D-boys는 모르겠다.
J	아주 유명해요.
S	정말? 나는 파스타하고 피자 샀다.
J	와! 오늘 파스타 먹어요!
S	좋지. 저녁으로 파스타를 먹자!
J	비디오 하나 빌려도 되요?
S	그럼! 그렇지만 액션영화는 안돼!

요즘도 가끔 통화하는 Martin 가족. 언제 비행기 타고 한번 보고 와야겠다. 보고 싶다.

I miss Sue & Martin

S   What will you buy?

J   I don't know. Maybe shoes or CDs.

S   You have many shoes. Buy a CD!

J   OK. I will buy a CD.

S   I will buy some food. Do you want to go with me?

J   No. I will go to the record store.

S   Then see you here in 1 hour.

J   All right.

—— 1시간 뒤 ——

S   What CD did you buy?

J   I bought the "D-boys"

S   I don't know the "D-boys"

J   They are very famous.

S   Really? I bought pasta and pizza.

J   Wow! Let's eat pasta today!

S   OK. Let's have pasta for dinner!

J   Can I rent a video?

S   Sure! But no action movies!

> I went shopping with Sue almost every weekend.

가디언쉽

영국이나 미국에 미성년자가 혼자 유학 갈 경우 법적 보호자가 필요하다. 법적 보호자 없이는 학교에 다닐 수가 없다. 그래서 보통 유학생들은 유학원을 통해 가디언(보호자)을 정하고, 1년마다 가디언에게 일정 금액의 돈을 지불한다. 운이 좋으면 좋은 가디언, 정말 가족 같은 가디언을 만날 수도 있지만 대부분은 가디언을 잘못 만나 고생을 많이 한다.

예를 들어 돈을 떼어 먹기도 하고, 학생이 어린 경우에는 함부로 대한다. 나의 경우에는 정말 좋은 사람들을 만나서 가족 같이 지내고 7년이 지난 지금까지도 연락을 주고 받고 있다. 만약에 자녀를 유학 보낼 생각이라면 가디언을 신중히 선택하는 것이 중요하다. 주말이나 짧은 방학 때면 보통 가디언 집에 많이 머물게 되는데 어린 유학생에게 가디언 가족은 큰 영향을 줄 수밖에 없다.

가디언은 꼭 직접 만나보기를 권장한다. 그냥 무조건 비싼 가디언 혹은 한국인 가정이라고 무턱대고 맡기는 것은 반대한다.

가디언은 제2의 가족이다. 신중히 선택해야 한다.

DAY-23일차

오늘은 나랑 가장 친했던 영국인
고등학교 친구 Nick과의 대화 내용이다. 나와는 중·고등학교 때 친구로 서로 어려울 때 돕고 기쁠 때 같이 기뻐했던 친구다. 우리는 때때로 야간에 선생님 몰래 기숙사 담을 넘어 24시간 편의점 가서 먹을 것도 사오고 한 방에 모여 밤새도록 포커도 치곤 했다.

보고 싶다, 친구야!

> Nick은 친구로는 최고였지만 여자애들 사이에서는 소문난 바람둥이였다. Nick은 우리 학년 여자애들 70%와 사귀었다.

N   '조'의 파티에 가자.
J   그래. 여자애 조 아니면 남자애 조?
N   가슴 큰 여자애 말야.
J   맞아. 그 애 가슴은 정말 커.
N   그래, 하지만 걔는 멍청해.
J   아냐. 내가 그 애와 수학을 같이 공부했는데 그 앤 똑똑했어!
N   정말? 난 몰랐어. 걔가 띨해 보이잖아.
J   어쨌든, 너 내일 몇 시에 갈 거야?
N   아마도 9시쯤.
J   그럼 8시에 내가 너희 집으로 갈게.
N   그래. DY랑 데리고 와!
J   알았어. 누구 누구 올 건데?
N   학교애들 다.
J   그래? 그럼 클레어도 올까?
N   당연하지. 클레어는 조의 가장 친한 친구야.
J   그래? 나 내일 정장 입을래.
N   니가 클레어 좋아하는 거 알아.
J   그래서 뭐?

> 보통의 영국 고1들의 대화 내용과 별로 다르지 않다.

요즘은 연락을 잘 못하지만
곧 연락할게, Nick!!!

N   Let's go to Joe's party.

J   OK. Is it the male Joe or the female Joe?

N   A girl with big boobs(가슴).

J   Yes. Her boobs are huge.

N   Yeah, but she is dumb.

J   No. I studied maths with her and she was smart!

N   Really? I didn't know. She looks dumb.

J   Anyway, what time will you go tomorrow?

N   Maybe 9 o'clock.

J   Then I will go to your house at 8.

N   OK. Bring DY!

J   OK. Who's coming?

N   Everyone from the school.

J   Really? Then will Clair come?

N   Of course. Clair is Joe's best friend.

J   Really? I will wear a suit tomorrow.

N   I know you like Clair.

J   So what?

> 닉은 학교에서 여학생들에게 인기 있는 아이었는데 연약해서 가끔 덩치 큰 아이들에게 괴롭힘을 당하곤 했다. 물론 내가 보호막이 되어주었다.

Nick, DY and J의 대화

N   나는 올가를 사랑해.

J   네 말 안 믿어.

D   어제는 로라를 사랑했잖아.

N   이번엔 진짜야!

J   너는 항상 진짜라고 말하지.

D   맞아. 넌 사랑을 몰라.

N   이러지 마! 너희는 나의 가장 친한 친구잖아.

J   맞아. 하지만 너는 바람둥이야.

D   J가 맞아. 넌 바람둥이야.

N   내가 인정할게. 난 바람둥이야. 하지만 그녀를 사랑해.

J   알았어. 우리가 도와줄게.

D   너를 위해 우리가 뭘 해주면 돼?

N   그냥 가서 그녀에게 내 사랑을 말해줘!

J   알았어.

D   언제?

N   내일 밤에.

J   이번엔 진짜이길 바래.

D   아니면 널 죽일 거야, 닉!

> 닉, DY, 그리고 나는 여자 얘기와 진로 얘기를 주로 했다.

Nick은 이송이와 사귄 지 한달만에 싫증이 나서 헤어졌다.
넌 정말 못 말리겠다, Nick!

N	I love Olga.
J	I don't believe you.
D	You loved Laura yesterday.
N	This time it's real!
J	You always say it's real.
D	Right. You don't know love.
N	Don't do this! You are my best friends.
J	True. But you are a casanova.
D	J is right. You are a casanova.
N	I admit. I am a casanova. But I love her.
J	OK. We will help you.
D	What can we do for you?
N	Just go and tell her my love!
J	All right.
D	When?
N	Tomorrow night.
J	I hope it's real this time.
D	If not, I will kill you, Nick!

우리 대화는 항상 이런 식이었다.

영어의 당당함?

영국에서 학교 다닐 때 한번은 부모님이 영국으로 오셔서 나를 데리고 같이 이태리 여행을 가신 적이 있다. 이태리에서 이곳저곳을 다니며 맛있는 것도 먹고 재미있는 시간을 보내던 중 하루는 2류 호텔에 머물게 되었다. 근데 우리 방에 이상하게 수건이 없는 것이었다. 아버님이 프론트에 가서 항의를 하고 오셨는데 콧방귀만 뀌었다고 했다. 나는 화가 머리 끝까지 나서 곧장 내려가 영어로 한 5분간 실컷 큰소리를 쳤다. 그랬더니 프론트에 있던 직원들이 약간 놀라는 듯 했다. 동양인이 영어를 해서 그랬는지 몰라도 하여튼 나는 할 말을 다하고 수건을 받았다. 그들은 수건을 주면서도 계속 "We're sorry"를 연발했다. 프랑스를 제외한 어느 나라를 가든 이상하게도 영어로 말하면 무조건 영어로 대꾸해 줘야 한다는 의무감을 가지고 성실히 대답한다. 마치 우리나라에서 큰 호텔을 가면 영어를 하는 사람이 최소한 한 사람씩 있듯이 외국도 마찬가지이다.

한국말이 빨리 세계적인 언어로 부각되어서 한국말이 이 세상 어느 곳에서나 통용되기 전까지 여러분은 영어를 해야만 한다. 사실 또 그렇기 때문에 여러분이 영어를 이렇게 열심히 말하고 있는 것이 아닌가?

정말 **어디를 가든 영어를 할 줄 알면 대우를 받는다.** 싫건 좋건 영어는 세계 제1의 언어이다.

DAY-24일차

오늘은 내가 고등학교 때 **짝사랑하던 Clair와의 대화**이다.
1년 이상 좋아했는데도 쑥스러워서 말 한마디 못 하다가 어느 파티에서 용기를 내어 대화를 하고 금새 친해졌던 나의 다이아몬드 Clair.

클레어 덕분에 **She shines!** 라는 말을 교내에 유행시키기도 했다.
어쨌든 지금 생각하면 다 애틋하고 즐거운 추억들이다

> Claire는 나보다 한 학년 높은 상급생으로 학교에서 인기가 정말 많은 화려한 싱글이었다.

J   (정말 큰 용기를 내어 술 한 잔 하고) 안녕, 클레어! 난 제이야.

C   나 너 알아. 무슨 일이야?

J   난 니가 좋고 너랑 말하고 싶어. 근데 무슨 말을 해야 할지 모르겠어.

C   정말? 너 미국 갈 거라고 들었어.

J   응. 나 미국 대학에 갈 거야. 너는?

C   나는 졸업하면 일할 거야.

J   무슨 일?

C   아직 모르겠어. 나는 공부하는 거 싫어. 돈이 좋아.

J   나도 돈이 좋아. 하지만 나는 공부해야 돼.

C   왜?

J   우리 부모님이 내가 대학 가는 걸 바라거든.

C   너 착한 아들이구나.

J   그럼.

C   술이나 한잔 사줘!

J   물론이지.

C   고마워.

J   춤추자!

C   그래!

(그녀의 별명은 Clair Bear였다.)

Real story; real fun!

J	Hi! Clair. I am J.
C	I know you. What's up?
J	I like you and I want to talk to you, but I don't know what to say.
C	Really? I heard you will go to America.
J	Yes. I will go to an American university. How about you?
C	I will work when I graduate.
J	What work?
C	I don't know yet. I don't like studying. I like money.
J	I like money, too, but I must(꼭 해야 한다) study.
C	Why?
J	My parents want me to go to a university.
C	You are a good son.
J	Sure.
C	Buy me a drink!
J	Sure.
C	Thanks.
J	Let's dance!
C	OK!

> 물론 춤은 빠른 춤이 아니라 같이 손잡고 추는 느린 춤이었다. 블루스! ㅋㅋㅋ

클레어와 난 같이 춤추고 말해보며 금방 친해졌다.
그리고 다음 날 학교에서 만났다.

C   제이야, 안녕!
J   안녕! 잘 지내지?
C   너 어디 가는 중이니?
J   난 수학동 가는 중이야.
C   나도 거기 가는 중인데.
J   가자!
C   제이! 너 여자친구 있니?
J   아니. 너는?
C   없어.
J   왜 없어? 넌 예쁘잖아.
C   거짓말 마!
J   거짓말 하는 거 아냐. 내 생각에 너는 예뻐.
C   알았어. 너 이번 주말에 뭐 할 거니?
J   계획 없어.
C   "타이타닉" 보자.
J   좋아! 그거 보자!
C   그 극장 앞에서 6시에 보자.
J   그래. 그때 보자!

달콤했던 고등학교 짝사랑과의 이야기.

I miss you, Clair.

C	Hi, J!
J	Hi! How are you?
C	Where are you going?
J	I am going to the math(s) building.
C	I'm going there, too.
J	Let's go!
C	J! Do you have a girlfriend?
J	No. Do you?
C	No.
J	Why not? You are beautiful.
C	Don't lie!
J	I am not lying. I think you are beautiful.
C	OK. What will you do this weekend?
J	I have no plan.
C	Let's watch "Titanic".
J	Good! Let's watch it!
C	See you in front of the theater at 6.
J	OK. See you then.

이런 게 바로 국경을 넘은 사랑인가?
ㅋㅋㅋ

화제가 되었던 Clair와의 섬씽!!!

영국만 해도 아직까지 미국처럼 동양인들이 많은 편도 아니고 또 대부분 유학생이라서 영국의 일부라기보다는 이방인으로 보는 시선이 강하다. 또 우리 학교에서는 동양인이 영국인과 사귀는 일이 없었다. 보통 동양인은 동양인과 사귀는 것이 관례였다. 주변 친구들은 모두 내가 Clair를 좋아하는지 알았지만 파티 당일 날까지도 내가 Clair랑 그렇게 가까워질 줄 몰랐다. 사실 나도 Clair가 나에게 그렇게 친근하게 나올지 상상도 못했었다. 그녀는 나보다 한 학년 위였고 학교에서 세 손가락 안에 드는 퀸카였기 때문이다. 하지만 누가 그랬던가, 미인은 용감한 자가 얻는다고…

그날 내가 바로 그 용감한 자였다.

그날 파티가 끝난 후 온통 나와 Clair에 대한 이야기뿐이었다. 내 친구들은 모두 너무 놀랐다며 부러운 눈빛으로 이렇게 말했다.

"Did she really shine?"

그날 밤 기숙사에 돌아와 너무 기뻐 잠을 설쳤던 기억이 난다.

DAY-25일차

고등학교 친구 Chris는 어려서 부모님을 잃고 할머니와 단둘이 사는 영국 친구이다. 나와는 기숙사 시절 같은 층을 썼던 관계로 아주 친하게 지냈다. Chris는 동갑내기인 나를 형같이 따르고 좋아했다. 그와의 대화는 보통 고등학생들이 다 그렇듯이 친구문제, 여자문제, 진로문제… 뭐 이런 것이었다.

우리같이 Chris와 **대화해 보자!**

Chris는 지금 무엇을 하고 있을까?

C   좋은 아침, 제이!

J   좋은 아침!

C   너 어젯밤에 공부했니?

J   응. 나 어젯밤 1시까지 공부했어.

C   나는 10시에 잤는데.

J   우리 구멍 가게에 가자! ★1

C   너 나 아이스크림 사줄래?

J   물론이지. 가자!

        See you soon, Chris!

C   제이! 너는 왜 여자 친구가 없어?

J   몰라. 나는 나의 반쪽을 찾는 중이야.

C   클레어는 어때?

J   클레어는 나를 안 좋아하는 것 같아.

C   확실해? 나는 그렇게 생각하지 않아.

J   왜? 네 생각에는 그녀가 나를 좋아하는 것 같니?

C   그럼. 그녀는 항상 너에게 미소를 짓잖아.

J   알아. 우리는 그냥 친구야.

C   너 또 거짓말 하는구나. 너희가 애인 사이란 건 모두가 알아.

J   아니야. 우리는 연인이 아냐. 그냥 친구야.

영어로 대화하는 것이 점점 재미있고 쉽게 느껴질 것이다.
실제로 대화한다는 생각을 갖고 진지하게 말하자!

C   Good morning, J!

J   Good morning!

C   Did you study last night?

J   Yes. I studied until 1 o'clock last night.

C   I went to bed at 10.

J   Let's go to the corner shop! ★1

C   Will you buy me an ice cream?

J   Sure. Let's go.

C   J! Why don't you have a girlfriend?

J   I don't know. I am looking for the right one.

C   How about Clair?

J   I don't think Clair likes me.

C   Are you sure? I don't think so.

J   Why? Do you think she likes me?

C   Of course. She always smiles at you.

J   I know. We are just friends.

C   You are lying again. Everyone knows you are lovers.

J   No! we are not lovers. We are just friends.

★1 영국에서는 '구멍가게'를 corner shop이라고 한다 왜냐면 보통 구멍가게는 코너에 위치해 있기 때문이다.

Are You talking in English
or just reading English sentences?

J	너 여름방학 때 뭐 할 거니?
C	나는 웨일즈에 있는 사촌을 방문할 거야.
J	정말로? 웨일즈에?
C	응. 왜? 너 웨일즈에 아는 사람 있니?
J	응. 내 가디언이 웨일즈에 살아.
C	웨일즈 어디?
J	브레콘에.
C	내 사촌도 브레콘에 살아.
J	같이 가자! 언제 갈 거니?
C	나는 7월 7일에 갈 거야.
J	그래. 나도 너랑 같이 갈게.
C	우리 기차 탈까, 버스 탈까?
J	기차 타자. 더 빠르잖아.
C	너 브레콘에서 뭐 할 거니?
J	나는 가디언 만나고 그를 위해 일할 거야.
C	일요일에는 교회 가자!
J	그러자!
C	너 기독교인이니, 제이?

> 영어에도 왕도가 있는가?
> 왕도는 크게 말하는 것이다.

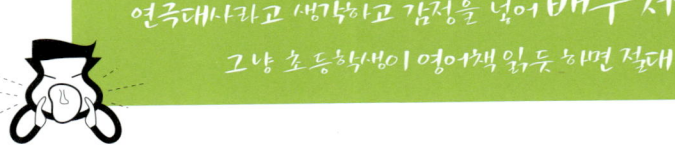

J	What will you do during the summer vacation?
C	I will visit my cousin in Wales.
J	Really? In Wales?
C	Yes. Why? Do you know anyone in Wales?
J	Yes. My guardian lives in Wales.
C	Where in Wales?
J	In Brecon.
C	My cousin lives in Brecon, too.
J	Let's go together! When will you go?
C	I will go on the 7th of July.
J	OK. I will go with you.
C	Will we take a train or a bus?
J	Let's take a train. It's faster.
C	What will you do in Brecon?
J	I will meet my guardian and work for him.
C	Let's go to church on Sundays!
J	Sure!
C	Are you a Christian, J?

I wonder what Chris is doing nowadays.

영국식 영어는 정말로 미국식 영어와 많이 다를까?

나는 영국에서 3년, 미국에서 2년 살았기 때문에 발음이 영국식도 미국식도 아닌 "영미국"식이다. 내가 영국식으로 말하기 편한 단어는 영국식으로, 또 미국식으로 말하기 편한 단어는 미국식으로 발음한다. 그럼 과연 이 둘은 많이 다른가?

쉽게 설명하자면 이 둘은 마치 전라도 사투리와 경상도 사투리가 다르듯 다르다. 즉 서로 대화하는 데는 아무 지장이 없지만 발음이 많이 다르다. 그리고 미국에서 어떤 상황에서 A라는 표현을 쓴다면 영국에서는 같은 상황에 B라는 다른 표현을 쓰기도 한다. 즉, 자주 쓰는 표현이나 단어들이 좀 다르다.

하나의 예로 영국에서는 재수없는 사람에게 쓰는 욕으로 Wanker! 라는 말을 자주 쓴다. 직역하면 "자위하는 사람"이란 뜻인데 어찌 됐건 영국에서는 아주 나쁜 욕이다. 근데 미국의 대다수 사람들은 이것이 대체 무슨 말인지 도무지 모른다.

그렇다고 미국에 가서 싫은 사람에게 Wanker! 라고 하지 않기를 바란다. 알아듣는 사람들도 많이 있다.

DAY-26 일차

같은 학원에서 일했던 캐나다 영어강사 Susan과 나는 많은 대화를 나누었다. 내 어머니뻘 되는 분이라서 이것저것 많이 도와드리기도 하며 서로 강의에 대해서 대화하곤 했다. 여러분이 나 J라는 상상을 하며 Susan과 대화하자.

나이가 지긋한 분이므로 가능하면 공손하고 부드럽게 이야기하자.

> 특별히 나이 많은 분과 대화한다고
> 평상시와 다를 것은 없다.

J   당신의 계약은 언제 끝납니까?

S   이번 달에 끝나.

J   캐나다로 돌아가실 거예요?

S   아니. 다른 학원에서 일할 거야.

J   어느 학원이요?

S   아직 모르겠어. 너 좋은 곳 알아?

J   예. 제 미국인 친구가 괜찮은 학원에서 일해요.

S   학원이 크니?

J   아니요. 작아요. 하지만 급여는 좋아요.

S   얼마나 좋은데?

J   내가 듣기로 그 친구는 한 달에 300만 원 받는대요.

S   정말? 참 괜찮은데!

J   왜요? 거기서 일하고 싶으세요?

S   당연하지. 알다시피 나는 돈이 필요해.

J   내가 그에게 전화해서 물어볼게요.

S   고마워, 제이!

J   천만에요. 당신은 내 친구잖아요.

S   그럼! 나는 네 친구지.

> 나 자신이 타국땅에서의 외로움을 잘 알기에 나는 최대한 그녀를 도와주었다.

알고 보니 Susan은 캐나다에서 장애인학교 선생님이었다.

J	When will your contract end?
S	It will end this month.
J	Will you go back to Canada?
S	No. I will work for another institute.
J	Which institute?
S	I don't know yet. Do you know a good one?
J	Yes. My American friend works for a good institute.
S	Is it big?
J	No. It's small. But they pay you well.
S	How well?
J	I heard he gets 3 million won per month.
S	Really? That's good.
J	Why? Do you want to work there?
S	Of course. As you know I need money.
J	I will call him and ask.
S	Thank you, J!
J	You're welcome. You are my friend.
S	Sure! I am your friend.

영어로 말할 때도 존칭을 표시할 수 있다. 우리나라만큼 존댓말과 반말의 구분이 엄격하진 않아도.

Susan이 점심을 사주다.

S   내가 점심 사줄게. 롯데리아로 가자.

J   좋아요. 가요!

S   뭐 먹을래?

J   저는 불갈비버거랑 보통 사이즈 콜라요. 당신은요?

S   나는 그냥 감자튀김.

J   다이어트 중이세요?

S   아니. 나 속이 안 좋아.

J   정말요? 약 드셨어요?

S   응. "까스활명수" 마셨어.

J   잘 하셨어요.

S   제이, 너 미국인 친구에게 전화해서
그 일자리에 대해 물어봤니?

J   예. 그가 말하길 당신이 거기서 일할 수 있대요.

S   고마워, 제이!

J   그런 말 마세요!
그의 이름은 에릭이고 그의 전화번호를 드릴게요.

S   고마워.

J   그의 휴대폰 번호는 015-333-2333이에요.

S   내가 그에게 지금 전화해도 되니?

> 휴대폰을 영국에서는 mobile phone, 미국에서는 cell phone이라고 부른다.

Susan은 결국 그 학원에서 일하게 되었다.

S	I will buy you lunch. Let's go to the Lotteria.
J	OK. Let's go.
S	What do you want?
J	I want a bulgalbi burger and a regular coke. How about you?
S	Just French fries.
J	Are you on a diet?
S	No. I have a stomachache.
J	Really? Did you take any medicine?
S	Yes. I drank "까스활명수".
J	That's good.
S	J, did you call your American friend and ask about the job?
J	Yes. He said you can work there.
S	Thank you, J!
J	Don't mention it.
	His name is Eric and I will give you his phone number.
S	Thank you.
J	His cell phone number is 015-333-2333
S	Can I call him now?

She was satisfied with her new job.

이 책은 가격이 잘못 책정되어 있다!!!

내 생각에 이 책의 가격은 너무 싸게 책정되었다. 겨우 8,900원이라니 말도 안 된다. 나는 출판사 사장님께 이 책 가격을 꼭 80,000원 이상으로 책정해 달라고 우겼었다. 왜냐면 보통 한달 학원 수강료가 80,000원이기 때문이다. 학원 강의는 한번 들으면 끝이지만 이 책은 두번 세번 볼 수 있지 않은가? 그리고 다 보고 나서 아들, 딸에게 물려줄 수도 있지 않은가? 또, 시간당 50,000원을 받는 영어 강사의 30일치 강의가 겨우 8,900원이라니 믿어지지가 않았다.

위의 말은 농담반 진담반으로 그냥 해본 말이고 실제로 책이라는 것이 그렇다. 유용하게 읽고 효과를 보면 미국영어 연수비(수백만 원)보다도 값질 수가 있다. 하지만 사 놓고 보지 않고, 또 봐도 효과가 없다면 휴지조각에 지나지 않는 것이다.

여기까지 읽으신 분들은 최소한 80,000원 이상의 값어치를 보신 분들이다.

너무 과장된 건가? J는 그렇게 생각하지 않는다. 그럼 8,900원 이상의 효과를 보신 분들은 나에게 꼭 e-mail 한 통씩 보내 주셨으면 한다. 감사의 뜻으로, 아니면 격려 차원에서. 그리고 정말 이 책이 자신의 영어에 도움이 되었다면 이 책을 주변 사람에게 그냥 공짜로 주어라. 그래서 이 책을 받은 사람도 효과를 볼 수 있게. 지식은 공유되어야 한다.

DAY-27 일차

이제는 대화연습도 오늘을 포함해 이틀치 밖에 남지 않았다. 아쉬운가? 아니면 속이 다 후련한가? 이 책은 마치 내가 강의하듯이 썼기에 어느새 J와 정이 들어버린 독자가 있을지도 모르겠다. (착각은 J의 자유!!!) 언제나 만남이 있기에 헤어짐이 있고 또 그 헤어짐이 있기에 만남이 있는 법! 아휴! 무슨 철학책도 아니고…

그냥 **무식하게 영어로** 말하재!!!

오늘은 나의 룸메이트 Smit과의 대화이다.

J	스밋! 별일 없냐?
S	별일 없어.
J	발렌타인데이 때 뭐 했니?
S	나 캔디랑 파티에 갔었어.
J	캔디? 그 일본 여자애?
S	응. 그 아름다운 일본 여자애.
J	너 그녀를 사랑하니?
S	그래. 난 그녀를 아주 많이 사랑해.
J	그 애랑 춤췄어?
S	응, 그녀랑 밤새 춤 췄어.
J	재미있었어?
S	응, 정말 재미있었어.
J	그 애는 어디 살아?
S	그녀는 브리스톨에 살아.
J	브리스톨? 웨일즈에 있는?
S	응, 웨일즈에 있는 브리스톨.
J	와, 그녀는 너랑 먼 곳에 사는구나.
S	그건 문제가 안돼. 그녀에게 매일 전화할 거야.

Smit and Candy... They are a lovely couple.

친구들에게 자랑해라!
이제 영어로 말할 수 있다고...

J	Hey, Smit! What's up!
S	Nothing much.
J	What did you do on Valentine's day?
S	I went to a party with Candy
J	Candy? The Japanese girl?
S	Yes. The beautiful Japanese girl.
J	Do you love her?
S	Yes. I love her very much.
J	Did you dance with her?
S	Yes, I danced with her all night.
J	Was it fun?
S	Yes, it was real fun.
J	Where does she live?
S	She lives in Bristol.
J	Bristol? In Wales?
S	Yes. Bristol in Wales.
J	Oh, she lives far away from you.
S	That doesn't matter. I will call her every day.

아직도 모르겠는가? 한국인이 모르는 문법은 거의 없다. 다 알면서도 그동안 말을 못했던 것이다.

Smit과 술집에서 했던 대화

S   너 맥주 원해, 위스키 원해?

J   나 맥주 할래.

S   맥주는 너를 뚱뚱하게 만들걸.

J   걱정하지 마. 나 매일 헬스해.

S   진짜? 몰랐어.

J   나 제임스랑 같이 헬스해.

S   그 애가 그 키 큰 스페인 남자애야?

J   그래. 걔야.

S   너 어디서 헬스해?

J   나는 K 체육관에 다녀.

S   그거 니네 집 앞에 있어?

J   아니. 그건 S 체육관이야.

S   K 극장 옆에 있는 거야?

J   응, 맞아.

S   너 몇 시에 운동하는데?

J   나는 보통 아침 7시부터 8시까지 해.

S   내가 너희들이랑 같이 운동해도 돼?

J   물론이지. 같이 운동하자!

> 헬스하다=work out '헬스'라고 하면 무슨 말인지 못 알아듣는다.

"몸짱"이 되고 싶은가? 그럼 Work out!!!

S	Do you want beer or whisky?
J	I want beer.
S	Beer will make you fat.
J	Don't worry. I work out every day.
S	Seriously? I didn't know.
J	I work out with James.
S	Is he the tall Spanish guy?
J	Yes. That's him.
S	Where do you work out?
J	I go to the K-Gym.
S	Is it in front of your house?
J	No. That's S-Gym.
S	Is it next to the K-Cinema?
J	Yes. That's right.
S	What time do you work out?
J	I usually work out from 7 to 8 in the morning.
S	Can I work out with you?
J	Of course. Let's work out together!

If you want a healthy life, work out!!!

내가 아는 재미교포들!!!

미국에서 대학을 다닐 때 친한 재미교포 친구들이 여럿 있었다. 그들은 미국에서 태어나서 그런지 한국말을 알아듣기는 해도 말을 할 줄 몰랐다. 더러 말을 하는 친구들도 말이 아주 서툴렀다. 근데 이상하게 노래방에 가면 한국 노래는 엄청 잘 불렀다. 하루는 같이 미식축구를 하고 집으로 돌아가는데 교포 친구가 이렇게 말을 했다.

"입술을 밟아서 미끄러질 뻔했어!"
그곳에 있던 친구들 모두가 잠시 멈췄다. "갑자기 걷다가 어떻게 입술을 밟았을까?" 모두들 이상하게 생각했다. 무슨 연관성이 있는지는 몰라도 그 애는 낙엽을 밟고서 그렇게 말하는 것이었다. "낙엽을 밟아서 미끄러질 뻔했어!"라고 말하려 했던 것이다. 우리도 영어를 하다보면 이런 실수를 할 수 있다. 하지만 그건 흉이 아니다. 남의 나라 말은 얼마든지 틀리게 할 수 있으니 자신감을 갖자!

이왕 말 나온 김에 한마디 더하면 내 교포 친구 중에 한국말은 딱 한마디 할 줄 아는 놈이 있다. 그가 할 줄 아는 한국말 한 마디는

"밥 줘!" 이다.

영어 이름 Bob과 영어 이름 Jo를 합친 **"Bob Jo!"**

DAY-28 일차

미국에서 경제적으로 힘들던 시절 태어나서 처음으로 학교 비디오 가게에서 아르바이트를 했었다. 오락기계도 몇 대 있어서 오락도 하고 비디오도 보며 돈도 버는 좋은 알바였다. 친구들에게 비디오를 싸게도 빌려주고 오락도 시켜주고 해서 친구들이 자주 왔었다.

이제 대화연습의 마지막으로 J가 비디오 가게에서 일할 때 했던 대화들을 말해보자.

독자 자신이 J 라는 생각으로 말해보자.

J	안녕하세요! 제가 무엇을 도와드릴까요?
C	예, 부탁드립니다. "맨인블랙2" 있습니까?
J	예. 있습니다.
C	얼마입니까?
J	2달러입니다.
C	여기 5달러 지폐 있습니다.
J	여기 당신의 잔돈입니다.
C	고마워요.
J	이거 내일 다시 가져오실 수 있습니까?
C	물론이에요.
J	그런데, "슈퍼맨2" 반납하셨나요?
C	아뇨. 깜빡 잊었네요.
J	오늘 반납해 주실 수 있습니까?
C	그럼요. 정말 죄송해요.
J	걱정 마세요. 늘 있는 일인데요.
C	제가 당장 가지고 올게요.
J	감사합니다.
C	금방 돌아올게요.

> 이제 비디오가게 가서 비디오 하나쯤은 킬릴 수 있겠는가?

Can you rent a movie?

J	Hi! What can I help you?
C	Yes, please. Do you have "Men in Black 2"?
J	Yes, we have it.
C	How much is it?
J	It's 2 dollars.
C	Here's a 5 dollar bill.
J	Here's your change.
C	Thank you.
J	Can you bring it back tomorrow?
C	Sure.
J	By the way, did you bring back "Superman 2"?
C	No. I forgot.
J	Can you bring it back today?
C	Sure. I am really sorry.
J	Don't worry. It happens all the time.
C	I will bring it back right now.
J	Thank you.
C	I will come back soon.

Now, you can work at Blockbuster
(유명한 비디오대여체인점)

비디오 가게에 놀러온 나의 친구 Dan

D   안녕, 제이!
J   별일 없니, 댄?
D   별로. 너 뭐하는 중이냐?
J   "위닝 일레븐(게임)" 하는 중이야.
D   너 잘 해?
J   물론. 내가 최고지.
D   나는 그렇게 생각 안 해. 내가 널 이길 수 있어.
J   말도 안돼! 지금 당장 나랑 붙어볼래?
D   좋아. 하자!
J   와! 너 정말 잘하는구나.
D   봐! 내가 이겼지.
J   다시 하자!
D   안돼. 나 바빠.
J   뭐? 니가 바빠?
D   그래. 나 집에 가서 숙제해야 돼.
J   좋아. 내일 다시 하자!
D   제이, 내일 보자!
J   안녕!

단순하지만 친구 사이에 자주 할 수 있는 대화이다.

Can you play video games?
Do you like it?

D	Hi, J!
J	What's up, Dan?
D	Not much. What are you doing?
J	I am playing "Winning Eleven".
D	Are you good?
J	Of course. I am the best.
D	I don't think so. I can beat you.
J	No way. Do you want to play with me now?
D	Sure. Let's play!
J	Wow! You are really good.
D	See. I won.
J	Let's play again!
D	No, I can't. I am busy.
J	What? You are busy?
D	Yes. I must go home and do my homework.
J	OK. Let's play again tomorrow!
D	See you tomorrow, J!
J	Bye!

> Winning Eleven은 세계적으로 유명한 축구게임이다.

Thank you 문화

미국 영화를 한편 보면 "Thank you!"란 말이 얼마나 자주 나올까? 셀 수 없을 정도로 자주 나온다. 그들의 삶 속에는 "감사하는" 문화가 그만큼 깊이 뿌리박혀 있다. 작은 일에도 감사 또 감사한다.

말이 씨가 된다는 말이 있다. 미국과 영국이 강대국인 이유가 여기 있지 않을까 생각해본다. 쉬지 않고 하는 감사의 말들.

그러니까 그들은 그렇게 **감사할 일들이 자주 생기는 것이 아닐까?** 이 "Thank you" 문화가 한국에 꼭 정착되었으면 하는 것이 J의 작은 바람이다. 영어를 배우는 여러분도 오늘 하루 동안 "감사합니다"를 10번만 해보길 권장한다. 정말로 감사할 만한 일들이 저절로 생겨날 것이다. 감사하는 마음으로 크게 말해보자.

Thank you, J!

DAY-29일차

영어로 말하는 연습은 이제 다 끝났다. 오늘은 이 책을 **재활용하는 방법**을 가르쳐 주겠다. 이렇게 좋은 책을 한번 보고 버리기 아까운 분들을 위해 준비했다.

준비물   애인
　　　　　휴대폰
　　　　　휴대폰 결재할 카드

책에 나오는 방법대로 오늘 **꼭 실험을 해보자.** 그냥 읽고 넘어가는 것이 아니라 실제로 해보자.

우선 여자친구에게 전화를 걸어 영어를 가르쳐 주겠다고 말해라!
아래를 읽어주며 "영어로 바꿔 말해봐" 라고 하지!

가라!

먹어라!

싸워라!

뛰어라!

걸어라!

일어나라!

공부해라!

앉아라!

멈춰라!

와라!

즐겨라!

전화해라!

(글을) 써라!

(책을) 읽어라!

(문을) 열어라!

모른다고 하면 절대로 "에이, 그것도 몰라?" 하지 말자. 틀렸어도 틀렸다고 말하지 말고 다음으로 계속 넘어가자.

왼쪽을 읽어주고 여자친구가 영어로 말하기를 기다린 후에 오른쪽을 읽어주며 따라하게 하자.

가라!	Go!
먹어라!	Eat!
싸워라!	Fight!
뛰어라!	Run!
걸어라!	Walk!
일어나라!	Get up!
공부해라!	Study!
앉아라!	Sit!
멈춰라!	Stop!
와라!	Come!
즐겨라!	Enjoy!
전화해라!	Call!
(글을) 써라!	Write!
(책을) 읽어라!	Read!
(문을) 열어라!	Open!

여자친구의 반응이 어떤가? 보통 너무 쉽다고 투정할 것이다. 그럼 옆의 문장들을 시켜보자.

"마지막으로 이것도 말해봐" 라며 아래를 읽어주고 영어로 말해 보라고 한다.

6시에 나한테 전화해.

지금 비가 내리고 있어. 내가 몇 시에 널 볼 수 있니?

오늘 아침에 나는 아침을 먹었다. 그래서 저녁을 먹지 않겠다.

어제 너 뭐 했니? 쇼핑 갔었어?

우리는 가족이다. 싸우지 말자!

너 어제 7시에 뭐 하는 중이었니?

비가 왔기 때문에 그들은 어제 야구를 하지 않았다.

내 아내는 젊었을 때 예뻤다.

너 스타크래프트 잘 할 수 있어? 너 내일 나랑 할래?

이 여자는 누구야? 나한테 말해줘!

나는 그녀를 사랑하지만 그녀와 결혼할 수 없다.

그녀는 어디 사니? 나는 그녀가 좋아.

너 이거 어디서 샀어? 나도 이거 살래.

나는 운전 못 해. 뛰자!

우리는 월요일에 학교 갈 거야. 너도 갈 거니?

너는 누구를 좋아하니? 나는 켈리를 좋아해.

너 왜 거기에 갔었어? 너 파티 좋아해?

나는 부유했었다. 나는 성공할 것이다.

> 쉽게 말하는가? 여자친구가 평범한 여성이라면 잘 못할 것이다.

자! 이제 반은 성공이다.
한국말로 한 문장 읽어주고 영어로 그 문장을 바꿔서 말해주자.

Call me at 6!

It's raining now. What time can I see you?

I ate breakfast this morning. So I will not eat dinner.

What did you do yesterday? Did you go shopping?

We are family. Let's not fight!

What were you doing at 7 yesterday?

They didn't play baseball yesterday because it rained.

My wife was beautiful when she was young.

Can you play Starcraft well? Will you play with me tomorrow?

Who is this woman? Tell me!

I love her but I can't marry her.

Where does she live? I like her.

Where did you buy this? I will buy this.

I can't drive. Let's run!

We will go to school on Monday. Will you go?

Who do you like? I like Kelly.

Why did you go there? Do you like parties?

I was rich. I will succeed.

> 여자 친구에게 말하자. "나는 30일 전에 너보다 말을 더 못 했어. 근데 이 책에서 하라는 대로 하니까 이제 이런 문장들은 내가 얼마든지 만들어서 할 수 있어! 내가 매일 30분씩 전화해서 널 가르쳐줄게. 30일 뒤에는 우리 영어로 통화하자."

이런 방법으로 부모님은 집에서, 선생님은 학교에서 아이들을 가르칠 수 있다.

이 교재로 효과를 보신 독자분들은 이 책을 교재 삼아 자녀를 가르칠 수 있다. 물론 앞에서 말한 대로 멀리 떨어진 여자친구에게 전화상으로 영어를 가르쳐 줄 수도 있다.

문법은 학교에서 배우는 것만으로 충분하다.

여러분 자녀에게 하루 30분씩 직접 시키자. 아무 것도 설명해줄 필요 없고 그냥 한국말을 읽어주고 아이에게 영어로 말해보라고 하면 된다. 학생의 경우 중2부터 가능하리라 생각된다. 아주 어린 아이일 경우 아는 게 없기 때문에 아무리 말해보라고 해도 말하지 못할 것이다. 개인적으로는 책이 많이 팔리면 좋겠지만 영어로 고생하시는 여러분들이 이 책을 같이 나눠보고 돌려보고 해서라도 영어 말하기의 실마리를 찾으면 나로서는 정말 행복할 것이다. 여러분은 이미 해답을 찾았으리라고 생각된다. 이제는 그 해답을 주변 사람들에게도 나누어 주자. 단, 주의할 점은 방법을 그냥 설명만 해주면 효과가 없다는 것이다. 직접 시켜야 된다.

머리로 알고 끝나는 게 아니라 영어로 말해보도록 시켜야 한다.

DAY-30 일차

오늘은 강의 **마지막 날이다.** 보통 강의 마지막 날은 강의가 끝나고 다같이 회식을 하는데 여러분과는 이렇게 글로 만나서 글로 헤어지니 섭섭하고 아쉽다. 오늘은 30일을 열심히 하신 독자분들이 앞으로 어떻게 하면 좋을지, 어떤 책을 어떻게 공부해야 할지, 영어 학원의 어떤 코스를 수강해야 할지, 혹은 어학연수를 간다면 어떻게 가는 게 좋을지 알려주겠다.

★ J가 추천하는 용감한 어학연수

내가 아는 분의 어학연수 얘긴데 이런 어학연수를 강추한다.
그분은 어느 대기업의 대리였다. 하루는 영어를 못하면 앞으로 비전이 없을 것 같다는 생각이 들어 회사를 그만두고 영어연수를 결심하셨다. 그리곤 300만원으로 영국에서 여섯 달간 영어를 공부하고 오셨다. 현재 외국인회사 사장님으로 성공해 계시다.
그럼 300만원으로 어떻게 그 물가 비싼 영국에서 지냈는지 궁금할 것이다. 비행기표 사고 남은 돈으로 6개월간 매일 샌드위치만 먹으며 공원 벤치에서 잠을 자곤 했다고 한다. 영어는 어디서 배웠냐고? 공원에 오시는 외로운 할아버지 할머니들과 샌드위치도 같이 먹고 하면서 공짜로 하루종일 6개월간 대화했다고 한다. 그분은 지금 너무도 훌륭한 영국 발음을 쓰셔서 사람들은 그분이 유명한 영국 사립학교에서 공부한 줄로 착각한다.
누구나 이와 같이 할 수는 없겠지만 대충 아이디어가 떠오를 것이다. 어느 언어나 말을 많이 해보면 잘 할 수밖에 없다.

어학연수를 갈 거면 이렇게 **용감하게 가자!**

★ 영어학원에선 뭘 어떻게 해야 할까?

만일 30일차까지 무리 없이 따라온 독자라면 영어학원에서 '프리토킹반'에 들어갈 것을 권장한다. 한 달에 수강료가 보통 8만원이고 주말 빼곤 매일 갈 수 있기 때문에 실력만 되면 정말 싼 코스다.
그럼 왜 실력이 되면 싼 코스냐? 보통 한 반에 10명 안팎일 것이다. 그중에 꼭 보면 혼자서 말을 90% 하는 분이 어딜 가나 있다. 바로 당신이 그 사람이 되어야 한다. 밉살스러울 정도로 그 반의 **수다쟁이가 되어야 한다.**

수다쟁이가 되는 데 실력이 최고일 필요는 없다. 이렇게만 떠들어대면 최소한 한 달 안에 그 반에서 최고가 될 것이기 때문이다.
중요한 것은, 이제 영어로 의사소통은 되니까 프리토킹반에 가서 원어민과 마음껏 이야기 하라는 것이다. 만약 말을 많이 한다면 월 8만원은 정말로 싼 것이다.

★ 영어책으로는 어떻게?

여러분이 어떤 책을 사용할지 모르기 때문에 포괄적으로 말하겠다.
우선 문법책을 보더라도 절대로 연필로 쓰기만 하면서 읽으면 안 된다. 꼭 영어 예문들을 큰소리로 대화하듯 읽어보고 그 예문을 응용해서 다른 말을 만들어 해보는 것이 좋다. 회화책도 마찬가지다. 그냥 "아 그렇구나!"하고 넘어가면 아무런 도움이 되지 못한다.

영어는 꼭 말해보아야 한다.

예) How beautiful she is!("그녀는 아름답구나"라는 감탄문)
이런 예문을 보고 "아 그렇군" 하고 그냥 넘어가면 안 된다. 비슷한 문장들을 여러 개 만들어 말해본다. 그럼으로써 그 형태의 말을 다 내 것으로 만든다.

How fat I am!
How big the cake is!
How rich you are!

OUTRO

영어야 Hello 그리고 Good bye!

여기까지 열심히 따라와 주신 독자분들에게 감사한다는 말을 우선 하고 싶다. 여러분들에게 영어는 이제 정말로 시작일 것이다. 그래서 우선 "영어야 Hello!"이다. 그럼 왜 "영어야 Goodbye!"일까? 그 이유는 나는 이제 영어강사나 유학생이 아닌 사업가로서 다시 태어날 것이기 때문이다. 그래서 내게 영어는 이제 Goodbye!이다. 나는 다시 완전히 다른 새 분야에서 새롭게 도전할 것이다. 그래서 딱 10년 후에 여러분과 다시 책에서 만나고 싶다. "성공한 젊은 사업가 김지완"으로 그때 꼭 다시 여러분들을 만나고 싶다.

꿈은 이루어질 것이다.
여러분도 이 책 이후로 영어를 꾸준히 해서 10년 뒤엔 다 이루고 싶은 일들 이루었길 바란다. "성공은 꿈을 꾸고 긍정적으로 나아가는 자의 것이다. 인생에 실패는 없다. 단 경험이 있을 뿐이다!"

감사합니다.

우선 나를 사랑하시고 25년간 함께 하셨으며 앞으로도 영원히 함께 하실 하나님 감사합니다. 2000년 귀국할 때만 해도 희망이 없던 저희 가족에게 새 희망을 주시고 살아갈 힘과 살아야 할 이유를 주신 당신을 진정 사랑합니다. 내가 가장 존경하는 위인 "우리 아버지," 내가 가장 사랑하는 "어머니" 감사합니다. 그리고 사랑합니다.
나의 인생의 중요한 시기마다 코치가 되어주시는 정기영 철학박사님, 감사합니다. 사랑합니다. 교석이형 힘내고! 저를 위해 항상 기도해 주시는 우리 교회분들과 최숙철 목사님 그리고 김교문 목사님 감사합니다. 권동욱 건강해라(깜깜하다). 나의 첫 원장님 조현식 원장님, 감사합니다. 인호장군님, 철홍장군님 감사합니다. 원고를 읽고 도와주신 김지환님, 기정이형 감사합니다. 그리고 빡철우, 병용이, 정환이형 감사합니다. 그리고 우리 방 친구들 남가기, 희상, 썽수, 화랑, 동우, 정환, 의식, 호진, 광우, 이발사 수환, 석환, 진호 그리고 빵아저씨 모두 감사.
야 런던대 주먹짱 '손동영' 아 연락 좀 해라!
늙은 학생 '영욱' 이형!!! 공부 열심히 해!!!
Thank you, Mart, Sue and Jo. I love ya!
다시 한번 나의 현재, 나의 미래, 나의 과거 그리고 나의 모든 것을

하나님께 감사 드립니다.

3030 체험수기

〈영어회화왕초보반〉,〈영어로 일기를 씁시당〉,〈English With MP3〉 영어카페와 같은 3030 English 출간기념 체험 이벤트에 참여하셨던 카페 회원 분들이 올려주신 수기입니다. 수기를 통해 칭찬과 격려, 날카로운 조언을 아끼지 않으신 회원 분들에게 진심으로 감사드립니다.

'영어' 하면 빈 노트와 사전, 이것이 영어공부를 위한 기본 바이블인냥 생각하며 살아왔던 내 영어인생에 나의 고정관념을 확 바꿔버린 책! 오늘은 회사 휴게실에서 아주 쉬운 것부터 큰 맘 먹고 큰 소리로 외치니 회사 동료 직원들 모두가 "너 왜 그래?", "뭔 일이야?" 의아해 하면서 호기심으로 보더군요. 그리곤 손에 들린 책을 보더니 '미친 영어 공부군' 하는 일반적인 생각을 하더군요. 그래서 제가 책 서두에 나오는 질문을 했죠. "나는 남자다를 영어로?" 역시 잘하더군요. 그럼 "그녀들은 여자들이다는?" ㅋㅋㅋ 한 영어 한다는 사람인데 문법을 생각하며 복수니깐 They이고 복수니깐 are 그러는 모습이 정말 웃기더라구요. 역시 영어는 말로 크게 읽고 따라하니 되더군요. 자 3030합시다. 내일은 2727(27시간 27일 동안)

u1004 회원님〈영어로 일기를 씁시당〉

살아 숨쉬는 영어, 학문이 아닌 놀이의 영어라는 것을 깨닫게 해준 책이었다. DAY1, DAY2 시간이 흐를수록 흥미를 유발했고, 중간 중간 저자의 재미있는 이야기 거리도 영어를 즐기는 데 도움이 됐다. 난 28세의 회사원이지만 이 책을 받자마자 나보다 회사동료 2명이 더 좋아했다. 그래서 이 책을 받아본 날 점심시간에 이 책으로 서로 퀴즈도 내고, 더불어 책에 있는 문장을 약간씩 변형해가며 동료들과 진정한 영어를 즐길 수 있었다. 아줌마인 또 다른 동료는 아들과 같이 밤에 30분씩 영어놀이를 한다고 했다.

니야 회원님〈영어회화왕초보반〉

오늘 첫날, 100점 맞았습니다. 하지만 시시하단 느낌보단 앞으로의 문장들이 궁금하고, 30일 후의 변화가 기대됩니다. 그리고 저자의 황당한(?) 보증서 역시 신뢰를 갖게 하는 데 일조했습니다. 내일 할 학습내용 엄청 궁금한데 참고 있어요. 하루 30분, 정해진 분량만 학습하는 거 맞지요? 그런데 자꾸 다음 것이 더 하고 싶어지네요.

jlovej 회원님〈영어회화왕초보반〉

처음엔 쉬웠는데 갈수록 문장이 길어지고 'shower'라고 생각했던 것이 'take a shower'였던 것이 기억에 많이 남네요. 중간 중간에 필자의 경험이 지루함을 싹 날려 보내는군요. 매 장마다 격려의 말과 자신감을 얻을 수 있도록 하는 글들... 참 좋았어요. 비슷한 내용을 반복함으로써 좋았고, 또 반복하니까 다음엔 무엇이 나온다는 것이 대충 감이 오더라구요. 영어에 대한 두려움이 정말로 조금 해소된 것이 기분이 너무 좋아요. 앞으로 일주일 후에는 정말 자신감이 생길 것 같구요. 하루 뭔가 쌓이는 기분 아시죠? 기분이 넘 좋아서 잠이 잘 오네요. 내일의 내용이 뭔가 하는 설레임에...

jypretty 회원님〈영어회화왕초보반〉

난 영어 아니 언어 쪽으로는 영 아니다. 영어 공부를 안했기에 그럴 수도 있고 끈기가 없기에 그럴 수도 있다. 남을 탓하면 안 되는걸 알지만 내가 접했던 책들 중에 몇 개 빼고는 싫증을 빨리 일으킬 만큼 양이 방대했고 재미도 없었다. 그런데 이 책을 한장 한장 넘기면서 보는데 피식 웃음이 나왔다. 한국말로 된 단어를 보고 내 입에서 영어 단어들이 튀어 나왔다. 자신감이 없었지만 혹시나 하는 생각에 뒷장을 보았다. 허걱 내가 맞추었다는 생각에 공부하는 것 같지 않게 문화적인 면이나 영어공부를 시켜 주는 것 같다.

DABI 회원님〈영어회화왕초보반〉

이 책에서 보니깐 '가라' 하면 'Go' 하면 되고, '공부해라' 하면 'Study'라고 말하면 된다고 하네요. 이렇게 생각하니깐 정말 하나도 어렵지 않습니다. 내용은 완전 기초고, 회화에 자신감을 붙여주는 책입니다. 한 달 후에 유치원생 수준의 회화를 하게 되면 그 다음은 초등학생수준, 그 다음은 중고등학생 수준! 이렇게 차차 단계를 밟아가다 보면 영어회화 실력이 쑥 올라가겠구나 생각하니 ㅋㅋ

z수연z 회원님〈영어회화왕초보반〉

흔히 볼 수 있는 영어교재들과 달라서 좀 미심쩍었는데 이렇게 짧고 간단하고 쉽게 제 뒤통수를 치는 책은 단연코 없었다고 생각합니다. 비록 영어 실력 절대 없어도 외국인 앞에서 입은 떨어진다고 자신했던 제가 첫 표지에서 무너지고 말았습니다. 그 TEST(책을 보는 사람들이라면 누구라도 알)에서 멈칫하고 말았던 것이죠!! 그 간단한 표현을… 1일치를 봤는데~ 윽! 정말 저 쉬운 표현을 잠시 고민하고 말해야 한다는 사실에 슬펐습니다. 고민 하는 사이에 외국인은 제 앞에서 떠나가겠죠ㅠㅠ. 이 책을 30일 한다고 해서 제가 정말 외국어를 유창하게 말할 수 있을 거라고는 전혀 생각하지도 않고 믿지도 않습니다. 물론 책에서는 미국 유치원생처럼 말할 수 있다고 하는데, 흠 사실 그 정도까지는 욕심이 나긴 합니다.

roomy 회원님〈영어회화왕초보반〉

경쾌하고 단계적인 공부법이 무척이나 자신감을 주게 하더군요. 저자의 나이보다 많지만 늦었다고 생각될 때가 가장 빠를 때 겠지요.

삼수니 회원님〈영어회화왕초보반〉

제가 하고 싶은 말은 책 구성이 너무 마음에 든다는 거예요. 간단하고 쉬운 것 같으면서도, 바로 바로 튀어 나오지 않는 문장들. 아주 쉽게 접근하고, 그 다음 긴장하게 만드는 구성!(1일차, 2일차, 그 다음 1, 2 일차를 같이 복습하게 만드는 구성) 아무튼 오늘 무리한건 사실인데요. 너무 재밌어요. 정말 꾸준히 해볼 거예요.

huatting 회원님〈영어회화왕초보반〉

조금은 먹구름이 걷히는 느낌^^! 우선 꾸준히 하는 게 영어의 왕도라면 왕도일까? 비록 나이 40이 넘었지만 열심히 할 겁니다. 아이들에게도 시켜보구요.

coffee killer 회원님〈영어로 일기를 씁시당〉

확실히 감동받은 멘트가 있는데. 서문에 나오는 '10년 넘게 공부했지만, 언어장애가 있는 것도 아닌데 말을 못하죠!' 그리고 하루분량을 공부했는데, 정말 쉽더라구요. 저의 자만이 아니라 이 책의 구성이 우리를 너무 힘들게 했던 영어에 대한 여러 생각의 기본을 싹 바꿨습니다.

캐리 회원님〈영어로 일기를 씁시당〉

저는 회화 책뿐만 아니라 문법, 독해 등 여러 가지 책을 많이 샀었습니다. 그런데 여태 이런 책은 없었습니다. ^^ 당연히 주어나 동사, 아니면 'hello' 이런 것들이 먼저 나올 줄 알았는데. 전혀 아니게도 제가 아는 단어들이 나오더군요. 짧게 되어있는 설명도 너무 이해가 잘 가구여.

천년눈꽃〈영어로 일기를 씁시당〉

이제껏 '30일 완성, 60일 완성' 하는 책들을 보면 두껍고 하루에 공부할 양도 굉장히 많았거든요. 그래서 하루에 공부할 양을 제대로 채워본 적이 거의 없었죠. 하지만 이 책은 작고 얇아서 어디 가지고 다니기도 편해요. 따로 책상에 앉아서 공부할 필요도 없고 들고 다니면서 짬날 때 봐도 되고요. 사실 단어를 많이 안다고 해서 그걸 필요할 때 적절히 영어로 말할 수 있다는 건 아니거든요. 아주 쉬운 말인데도 언뜻 입으로 내뱉기가 어렵더라구요.

얼래공주 회원님〈영어로 일기를 씁시당〉

사실 처음 책을 받았을 때 느낌이란 테이프도 없고, 한글 1페이지, 다음 장엔 영어 1페이지 솔직한 느낌으로 좀 허접했습니다.^^;; 첫날, 뭐 다들 그러셨겠지만 무난했고 쉽게 입 밖으로 나오더라구요. 둘째 날, 20초가량의 생각을 필요로 하는 부분이 2, 3개 정도 되더군요. 근데 정말 웃겼던 일은 둘째 날 내용을 할 때쯤 계속 발음이 신경 쓰이고 문장을 읽으면서도 이렇게 하는 게 맞나 하는 생각이 들던데. 그 위에 작가가 써놓은 말! "이쯤 되면 발음이 신경 쓰일 것이다. 그러나 신경 쓰지 말고 그냥 큰 소리로 읽자." 정말 배꼽 빠지는 줄 알았습니다. 확실히 학생의 입장을 잘 알고 쓴 선생님의 책 같았어요. 오늘 아침에도 지하철을 타고 오면서 열심히 했습니다. 비록 큰소리는 아니지만 소리 내어 옆에 있던 사람들이 흘깃흘깃 쳐다보긴 했지만. 뭐 영어만 잘 할 수 있다면 그런 게 대수인가요. 다시 볼 사람들도 아니고. 열심히 하면 한 달 후엔 새로운 제 모습을 기대해도 될 것 같아요! 모두들 Go for it!!!!

바른생활걸 회원님〈영어로 일기를 씁시당〉

책 처음을 펴고 지은이의 글을 읽어보았습니다. 정말 마음에 와 닿는 말이 많았습니다. 10년을 해도 외국인들 앞에서 말 한마디 못한다. 그리고 하루에 30분씩 30일만 하면 미국 유치원생처럼 말할 수 있다. 제 조카가 초등학교 1학년인데 문법 정말 몰라도 대화하는 데 아무런 지장이 없거든요. 나도 조카 보면서 "한 달만 하루에 30분씩 투자해서 열심히 하면 외국어를 저 정도 말할 수 있겠지"란 자신감을 가지고 책을 읽기 시작했습니다. 첫날은 정말로 쉬웠습니다. 가라!, 먹어라! 정말로 쉬운 것을 이렇게 영어로 말하면서 든 생각은 지은이도 그렇게 말했지만 저런 말은 분명히 외국인과 회화할 때 상당히 많이 쓰는 말인데도 막상 저런 말을 자연스럽게 하지 못하고 있지 않았나 생각이 들었습니다. 그건 아마도 이때까지 말하는 영어가 아닌 읽고 듣고 외우는 영어를 해서 그런 게 아닌가 합니다. 2일째도 역시 그렇게 부담 없이 따라할 수 있을 정도로 난이도는 쉬웠습니다. 역시 이것도 따라하면서 첫째 날과 같은 생각이 들더군요. 이렇게 말을 잘(?) 할 줄 알면서도 왜 막상 표현이 안 되었을까 하는… 역시나 말을 안 하고 보기만 해서 그런 거 같다는 생각이 다시금 들게 했습니다.^^ 오늘로써 3일째 한, 두개 정도 생각할 만한 게 있었지만 "틀려도 그냥 넘어가라, 소설책 읽듯이 부담 없이 보라"는 저자의 말에 정말 부담 없이 술술 생각나는 대로 말을 하였습니다. 그런데도 답을 거의 맞혔습니다. 오늘도 내일도 모래도 하루에 30분은 투자해서 공부를 꾸준히 하겠습니다.

아네스라 회원님〈영어로 일기를 씁시당〉

저는 지금 대학원생이라서 아직 학교를 다니고 있답니다. 학교가 멀어서 지하철 안에서만 45분을 보냅니다. 원래는 잠을 잤었는데 지난 3일 동안에는 삼공삼공을 펴놓고 중얼거리면서 말을 하죠. 크게 말을 해라고 했는데 그것은 잘 못 지키고 잠자기 전에 한 번 더 보죠. 한번 책을 펴면 학교까지 도착하는데 시간이 어떻게 가는 줄 모르겠습니다. 지금은 20일치까지 진도가 나갔는데 무척 재미있습니다. 지금까지 과거형 현재형 등이 모두 문법적으로 헷갈렸는데 이제 좀 정립이 되어가는 듯하다. 앞장을 보고 제가 말을 하고 뒷장을 보면서 맞출 때 기분이 좋습니다. 그동안 배운 것들이 뒤범벅이 되지 않고 어떻게 어떤 상황에 말해야 할지 대충은 알겠거든요. 대학원생이 뭐 저런가 싶으시겠지만 제가 워낙 영어를 못해서요. 그리고 저희 실험실에 인도 사람이 와 있는데요. 말을 할 때 알아들을 수는 있는데 말을 하면 문법이 하나도 맞지 않아서 단어를 나열하는 식이였죠. 이제는 쉬운 단어로 간단하게 말하도록 노력하고 있습니다. 저자가 말하기를 혀를 굴려가면서 빠르게 말을 하면 외국 사람들이 못 알아들으니 자신 있게 또박또박 그리고 간단하게 말하면 된다고 했거든요. 비록 높은 수준의 영어구사력을 아직 가지기는 어렵지만 어떻게 말을 해야 할지는 알았습니다.

바보퉁이 회원님〈영어로 일기를 씁시당〉

표지를 본 순간 당황하지 않았다면 거짓이리라! 분명 무지 큰 책에 많은 양의 숙어들이 나에게 인사하고 있을 거라 믿어 의심치 않았다. '뭐 새로운 책이라면 좀 더 신조어가 많지 않을까?'라는 안이한 생각이었다. 그러나 이 책은 파격적이었다. 정말 "유치원생"만큼의 영어 대화능력을 줄 것 같은 책! 수능을 앞둔 고등학생인 나에게 시간투자는 금이기에 덮을까 생각했지만 옆에 있는 한 가지 문구, "3일만 따라합시다"라는 말에 첫 번째 단원을 시작하게 되었다. 수준은 유치원생이었다. 그러나 대답하지 못했다. "They are girls"란 말도 안 되는, 보면 바로 나올 그 말을 하지 못했다. 충격이었다! 그 후로 며칠이 지난 오늘까지 이 책을 보고 있다. 열심히 하자! 나를 위해 그리고 미래를 위해!

박근열 회원님〈English With MP3〉

책을 받았을 때 '하루 30분씩 30일이면 미국 유치원생처럼 말할 수 있다'라는 문구가 눈에 확 들어오더군요. 바로 떠오르는 생각 "뭐야? 이 책의 목표는 유치원생이야? 아니지~ 가만 유치원생이라! 그럼 의사소통 다 하는 거잖아^^;" 복지관에서 컴퓨터를 가르칠 때 어린이집 6-7세 아이들 수업도 했었는데, 아이들이 못하는 말이 거의 없더군요. TV의 영향으로 어른 뺨치는 야무진 이야기도 많이 하구요. 잠시의 생각 후 "우와 그럼 30일 후면 그 아이들처럼 이야기 할 수 있다는 거잖아. 그것도 영어로^^" 책 구성은 다른 영어책들과 틀리게 단순하고 명쾌해서 좋아요. 일단 무조건 말하고 보는 학습법도 마음에 들구요.

수^^ 회원님〈English With MP3〉

이런 책을 찾고 있었습니다. 영어를 제대로 구사할 수 있는 능력을 가진 사람들이 항상 일러주는 말이 있죠. 외국 초등학교 책으로 공부하라는. 그것만 완벽하게 하면 영어회화 하는데 아무 문제없다고 말이죠. 우리나라 온 천지를 뒤져봐도 빽빽하게 단어나 적히고 따분한 책들만 있습니다. 그런 책 수십 번 봐도 영단어만 외워질 뿐이죠. 외우는 건 순간이잖아요. 저 역시 많은 단어들을 외워도 외국인 앞에서면 꿀 먹은 벙어리가 되니. 10년 넘게 영어공부를 한 효과라곤 찾아볼 수가 없더군요. 정말 영어라는 거 쉬운 것부터 제대로 배우면 어려울 거 없을 텐데. 항상 어려운 것만 강조하는 현실이니. 하루 딱 30분씩만 제대로 보려고 생각합니다. 그래서 30일 후엔 외국인이랑 free talking이 될 수 있도록 말이죠.

강현숙 회원님〈English With MP3〉

아직 영어로 쉬운 말 한마디 못하는 저로썬 책을 보자마자 이번엔 과연 될까 하는 맘으로 살펴보았는데 앞에 저자가 쓴 서두와 보증서 모두 제 맘에 쏙 들더군요. '영어책' 하면 보다가 싫증나기도 하고 재미없다는 생각이 드는 순간 안 보게 되는데, 이 책은 딱딱한 문구보다는 저자의 재밌는 말투와 신세대적인 생각이 팍팍 느껴지는 보면 볼수록 괜찮은 책 같아요. 오늘로써 5일째를 시도해 보는데 첫날은 '가라', '뛰어라', '웃어라' 등등 동사들만 나와서 "이거 한다고 영어가 되려나" 했는데 신기하게도 4일째 되는 날, 미래시제 문장에서도 척척 말이 나오는 제 자신이 너무 신기했어요. 뒤로 갈수록 문장이 점점 길어지는 것 같던데 이대로 계속 연습한다면 저도 외국인과 대화할 만한 능력이 생기지 않을까 합니다.
이 책의 특징은 누구나 따라할 수 있게 쉬운 문장으로 시작해서 영어회화를 두려워하지 않고 입을 열 수 있게끔 만들었다는 겁니다. 예전엔 머릿속에서만 맴돌던 어구들이 이 책으로 인해 입 밖에서 유창하게 나올 수 있는 날이 오길 바라며…

헬러〈English With MP3〉

처음 내용에 go! run!이라고 적혀 있는 걸 보곤 약간 당황하지 않을 수 없었습니다. 하지만 시키는 대로 큰소리로 하나하나 따라 해봤습니다. 제가 그동안 초중고, 그리고 대학에서 배운 영어와는 달랐습니다. 회화는 회화답게 배워야 된다는 생각!! 아주 간절히 느꼈습니다.
앞으로 이 책을 다 읽기 위해선 30일 이라는 시간이 걸리겠지만 전 이 책의 앞부분을 보는 것만으로도 저의 가까운 미래가 보였고, 입가에 미소가 지어졌습니다. 영어회화를 이렇게만 공부한다면 물속에 빠져도 물고기와 대화하고 싶어서 입이 물속으로 가라앉을 거 같습니다. 마지막으로 누구나 얘기하는 "자신감을 가지고 큰 소리로 공부해라!"는 말, 항상 듣는 말이지만 이렇게 바로 행동으로 옮길 수 있게 해준 삼공삼공 저자 김지완 씨와 좋은 책이 나올 수 있게 해준 발행처 김영사, 그리고 영어회화왕초보반 카페운영자님께 진심으로 감사드립니다.

송은선(영어회화왕초보반)

책을 훑어보면서 놀라지 않을 수 없었어요. 기존에 봤던 영어책들과는 너무나 다르더군요. 그리고 솔직히 첨 보고는 "엇~! 뭐 이래" 란 생각이 들었어요. 간단한 한글 문장에 간단한 영어문장 더구나 여기 영어문장에서 사용되는 단어는 중학교 때 배우는 간단한 영어만으로 책이 구성된 것을 보며 "과연 이걸 해서 영어로 말할 수 있을까"란 의구심이 크게 들더군요. 그런데 차츰 이 책에 짤막하게 나타난 작가의 의도와 특히 작가의 보증서를 보며 신뢰감이 쌓였어요. 그동안 영어의 필요성을 느끼면서도 나이 서른이 되도록 못하는 이유가 영어를 어렵고 부담스럽게 생각하고, 또 너무 어렵게 접근해서 자꾸 포기했던 것은 아닌가 깨닫게 되었습니다. 문장들이 중학교 때 배운 수준의 내용이라 부담감 없었고 필기구를 들지 말라는 글을 보며 공부를 한다는 생각이 전혀 들지 않고 편하게 훑어 내려갈 수 있어서 좋더라구요.

빠샤 회원님

저는 46세의 중소기업 임원입니다. 외국과의 거래도 있고, 학회에도 간혹 참석할 일이 있는데 그때마다 직원의 도움을 수없이 받으며 나도 언젠가 영어로 말하리라 결심은 수도 없이 하였지요. 하지만 여지없이 무너져 내렸습니다. 외국 손님과 헤어지며 "이 정도는 말해야지" 하고 자신 있게 "내일 만나요." -> See You Today(?) 그러면 손님이 Today? 하고 반문을 합니다. 그러면 쥐구멍이 어딘지 얼굴은 홍당무가 되어 찾고 있지요. 그럼 직원이 정정해주고... 엊그제는 영풍문고도 다녀왔지요. 그런데 예전에 구입했던 교재와 대동소이합니다. (듣기만 해라. 말로 해라. 써야 된다 등등) 그러던 중 메일에 흥미 있는 문구가 있어서 과감히 신청한 결과 3030 이벤트에 선택되어 3일째 30분(사실은 30분 이상 틈나는 대로 봄. 왜? 재미있고 신기하니까? 경험해보면 압니다.)씩 하고 있습니다. 우선 머리에 맴돌고 입으로 나오지 않던("문법은 맞나? 어순은 틀리지 않았나" 하는 고민으로)말들이 신기하게 나옵니다. 이 책은 다릅니다. 우선 제일 간단한 말을 단어로 표현하는데, 그렇게 맞는 말, 틀린 말을 "아하 그렇구나" 알고 나면, 다음은 조금 수준을 높여서 "못할 것 없지" 하며 자신 있게 합니다. 그런데 반복되는 형식인줄 알고 굳은 머리로 말하면 살짝 돌려서 "아하! 이럴 땐 이렇게 하는구나" 하고 흐뭇해집니다. 이렇게 차근차근 알게 되니 다시 보면 틀리지 않고, 두번 틀리면 어순을 감 잡을 수 있게 되어서 재미있고. 그러니 30분만하라지만 어디 30분만 합니까? 시간 나는 대로 자꾸 보게 되지요.

eyesight 회원님〈영어회화왕초보반〉

책을 쭉 훑어보니깐 앞부분은 1시간 안이라도 다 할 수 있겠더라구요.(참고로 저 영어 못합니다^^;) 하지만 '저자 분께서 1일차 2일차로 나눈 이유가 분명히 있겠다' 생각하고 머리가 아니라 입이 외우도록 하고 있습니다. 저녁에 반신욕을 하는데 같이 하니깐 참 좋더라구요. 30분도 지킬 수 있고 매일 할 수 있단 장점이 있어 강추합니다. (땀에 책이 약간 젖긴 하지만 책을 어디서든 펼 수 있어야 한다고 생각합니다.) 아직 학생이라 중간에 시간이 있지만 나중에 체험기를 쓸 때 정확한 사실을 알려 드려야겠다는 일념 하에 정말 하루에 30분씩 반신욕 할 때만 합니다.(너무 고지식한가요?) 온가족이 응원해 줍니다. 반신욕하면서 크게 읽고 나오면 목이 다 쉴 정도지만.

마^^v미 회원님〈영어회화왕초보반〉

책에 대한 소개가 맘에 들어서 "그래! 어디 한번 유치원생 영어부터 해보자!"는 생각에 책에 대해 많은 기대를 하고 우편함을 하루도 빠뜨리지 않고 뒤졌다. 도착! 처음부터 끝까지 죽 훑어본 소감은 앞쪽에는 거의 단어 나열 수준의 영어인데 그래도 회화가 아닌 건 아니었다. 그리고 마지막 페이지로 갈수록 꽤 긴 문장(?)이 적혀있었다. 근 15년을 영어 공부해서 이 정도 수준인데 30일 안에 단어 수준에서 문장 수준의 영어를 구사할 수 있다면 걸어볼 만한 도박(?) 아닌가? 앞으로 30일 동안 정말 시키는 대로 다 해보겠다는 각오가 생긴다.

salmi〈영어회화왕초보반〉

30세의 주부입니다. 처음 〈3030 English〉에 참여를 할 때만해도 혼자만의 결심으로 공부를 하면 아무래도 의지가 약해지니까, 이렇게 참여를 하면 하루에 30분씩은 꾸준히 책을 보겠지 하는 생각으로 신청을 했습니다. 3030체험 7일째. 첫날엔 "단어 하나로도 의사소통을 할 수도 있구나"라는 놀라운 발견(?)을 했습니다. Run, Eat, Fight 등은 그냥 동사로만 생각해서 이것에 무언가를 붙여야 말이 된다는 생각을 갖고 있었거든요. 영어학원을 다닐 때에도, 하고 싶은 말은 문법에 맞춰서 틀리면 어쩌나 생각하면서 말을 말로써 하는 것이 아니라, 끼워 맞추듯이 생각을 거듭해야 겨우 한 문장이 만들어지곤 했었지요. 그런데 3030은 이런 강박관념을 조금씩 줄여주는 역할을 하고 있습니다. 지금은 "맞는 문장 한 마디보다 완벽하지 않은 세 마디를 하는 게 낫다"는 J선생의 말을 무작정 따라 해보고 있습니다. 일주일이 지난 지금 조금씩 자신감이 생깁니다. 아~ 나도 머지않아 이 책을 끝낼 때쯤엔 "아이처럼 더듬더듬 말을 할 수 있겠구나"라구요.

자스민향기 회원님〈영어회화왕초보반〉

체험수기 참여카페
영어회화왕초보반 http://cafe.daum.net/love4475
영어로 일기를 씁시당 http://cafe.daum.net/diaryinenglish
English With MP3 http://cafe.daum.net/mp3english